CHINE

ET

EXTRÊME-ORIENT

PAR

Le Baron G. DE CONTENSON

ANCIEN ATTACHÉ MILITAIRE EN CHINE

PARIS

LIBRAIRIE PLON

E. PLON, NOURRIT ET Cie, IMPRIMEURS-ÉDITEURS

RUE GARANCIÈRE, 10

—

1884

Tous droits réservés

CHINE

ET

EXTRÊME-ORIENT

L'auteur et les éditeurs déclarent réserver leurs droits de traduction et de reproduction à l'étranger.

Cet ouvrage a été déposé au ministère de l'intérieur (section de la librairie) en mai 1884.

PARIS. TYPOGRAPHIE E. PLON, NOURRIT ET Cie, RUE GARANCIÈRE, 8.

CHINE
ET
EXTRÊME-ORIENT

PAR

LE BARON G. DE CONTENSON

ANCIEN ATTACHÉ MILITAIRE EN CHINE

PARIS
LIBRAIRIE PLON
E. PLON, NOURRIT ET Cie, IMPRIMEURS-ÉDITEURS
RUE GARANCIÈRE, 10
—
1884
Tous droits réservés

CHINE

ET

EXTRÊME-ORIENT

I.

D'EUROPE EN CHINE.

Mon cher ami, après vous avoir quitté, je m'embarquai, vous le savez, à Marseille, sur le *Mei-Kong*. Notre traversée s'est faite dans les meilleures conditions. A bord, nombreuse compagnie, dont les Anglais, comme toujours, formaient la majorité; ils se mêlent peu aux autres voyageurs, mais quelques Français, des Espagnols qui allaient à Manille et des Hollandais se rendant à Batavia, suffisaient à nous faire une société.

Nous avons traversé, en plein midi, le détroit

de Messine. Le coup d'œil est magnifique : à droite, se dressent en amphithéâtre les côtes de Sicile, dont la végétation se réduit aux pins et aux oliviers. Sur la rive, s'élève Messine, belle et importante cité, avec des quais d'une régularité parfaite et un port peu vaste, mais tout rempli de vaisseaux.

La ville est dominée par l'Etna : il est couvert de neige et lance de petites colonnes de fumée : c'est ce que les Italiens appellent son chapeau.

De l'autre côté du détroit, apparaissent les montagnes de la Calabre, avec leurs pentes cultivées, couvertes de vignes et d'oliviers; leur crête est formée de rochers aigus et dénudés. Sur ces sommets abrupts scintillent çà et là quelques taches de neige, dont la blancheur contraste avec les tons chauds de leurs cadres de pierre et l'éclat de la belle végétation qu'ils dominent.

Peu à peu, tout cela s'effaça à l'horizon, et nous adressâmes à l'Europe nos derniers adieux.

Les Chinois, qui étaient nombreux à bord pour le service des passagers, nous donnaient déjà un avant-goût de leur curieux pays. Comme produits exotiques, il y avait encore les chauffeurs, qui sont des Indiens, et surtout des noirs, originaires d'Aden, d'Abyssinie ou d'Arabie.

Des blancs ne pourraient supporter la température qui règne auprès des machines. Chacune est de la force de mille chevaux environ. Vingt chaudières avec leurs fourneaux s'alignent des deux côtés d'un étroit corridor; les nègres sont là, en costume de diables, avec leurs dents blanches et leurs yeux de porcelaine, la fourche et la pelle en main, jetant le charbon dans la fournaise, et activant la flamme, qui parfois vient leur lécher les doigts. Tout cela donne une idée assez exacte de l'enfer; pourtant, les noirs sont loin de se regarder comme des damnés; ils estiment cette température de soixante à soixante-dix degrés excellente pour leur santé et tiennent souvent fermée la manche à air, qui pourrait leur apporter quelque fraîcheur.

Ils gagnent par mois cinquante francs, qu'ils s'empressent, le voyage fini, de dépenser en folles orgies à Aden, ou sur quelque point de la côte africaine.

Ce sont, du reste, les meilleures gens du monde; la moindre chose les amuse, et *un rien* les habille. Ils sont divisés par brigades de chauffeurs : celle qui n'est pas de service se pelotonne en un paquet au-dessus de la machine, le long des cheminées, afin de ne pas avoir froid ; elle offre le spectacle le plus pittoresque du bord ; souvent l'un d'eux s'arme d'un instrument de musique, formé d'une calebasse emmanchée d'un bâton, lequel porte des cordes ou plutôt une seule corde des plus monotones. Ils chantent alors pendant deux heures sur la même note, répétant deux ou trois syllabes, toujours les mêmes, avec accompagnement de claquements de mains, ce qui paraît beaucoup les divertir. Pendant ce temps, un de leurs camarades leur fait la cuisine avec du beurre de coco, ou encore une graisse *sui generis*, apportée tout exprès d'Aden, ce pays où ne croît pas un brin d'herbe, et où l'on est obligé, pour boire autre chose que de l'eau de mer distillée, d'attendre un jour de pluie, qui ne vient que tous les deux ans. Les nègres n'en tirent qu'une espèce de suif, qui donne à leur soupe l'odeur la plus nauséabonde.

Cependant, nous avancions toujours : nous voici au canal de Suez.

Tout à l'entrée, s'élève Port-Saïd, petite agglomération de maisons au milieu des sables, ville assez européenne pourtant, peuplée d'un ramassis d'Italiens, de Grecs, de Syriens et d'indigènes. Pour y planter un jardin, on a apporté la terre végétale d'Alexandrie, et l'eau elle-même n'arrive que par le canal d'eau douce d'Ismaëlia.

A l'autre extrémité du canal, que nous traversâmes en vingt-quatre heures, Suez offre exactement le type des villes d'Orient, avec son bazar, ses rues étroites en zigzag, protégées du soleil par des planches, des nattes ou des toiles tendues d'une maison à l'autre, et bordées tout du long par de petites boutiques dont la réunion compose le bazar. Les marchands impassibles, le bout d'ambre de leur pipe à la bouche, sont accroupis au milieu de leur étalage, ensemble bizarre, et parfois assez brillant, d'étoffes multicolores, d'armes, de parfums, de fruits, de dattes, de quincaillerie et de bimbeloterie en cuivre.

La température devenait de plus en plus intolérable à mesure que nous avancions dans la mer Rouge. On ne pouvait se tenir dans le salon du bord que grâce aux pankas, éventails suspendus au-dessus des tables et que des Chinois aux longues queues agitaient à l'aide de poulies.

Nous arrivâmes à Aden, simple entrepôt de charbon, et port de guerre anglais. La rade est magnifique et très-sûre, mais il faut s'enfoncer de vingt-cinq kilomètres dans les terres pour trouver quelque trace de verdure. La nouvelle ville, Steamer-town, toute de création anglaise, a été souvent décrite. On y rencontre à chaque pas des canons, autour desquels les cipayes font l'exercice. La garnison se compose de deux mille hommes, parmi lesquels on ne compte que quelques officiers anglais. Les soldats hindous sont dressés à rendre les honneurs militaires à tout Européen. Un policeman, également hindou, vêtu de blanc et à l'européenne, vient, au moment du débarquement, donner les renseignements nécessaires et débarrasser les passagers de la nuée d'indigènes dont ils sont assaillis.

Les célèbres citernes sont, avec la ville arabe, la seule chose à visiter. Cette dernière présente de loin un beau coup d'œil, mais elle offre moins d'intérêt que Suez. Il n'y a ni bazar ni commerce.

On laissa à Aden les passagers de Bourbon et de Maurice; ils firent un vide immense à bord du *Mei-Kong*, dont les grands corridors semblèrent aussi déserts que les longues tables.

Après Aden, nous touchâmes dans l'île de Ceylan, au port de Pointe-de-Galles. Représentez-vous une vaste serre chaude s'étendant à perte de vue, et vous aurez une idée de ce beau pays, qui est tout l'opposé de celui que nous venions de quitter.

La première excursion que l'on se hâte de faire, dès que l'on est descendu à terre, est celle de Bakwela : on y a bâti un restaurant au sommet d'une colline : au bas s'étend une immense rizière qui, en cette saison, est entièrement sous l'eau. On se croit au bord d'un grand lac, d'où émergent des têtes de cocotiers et des bouquets d'arbres.

C'est un panorama féerique. On ne voit que des terres couvertes de la plus luxuriante végétation et pas un pouce du sol sans verdure. Pendant deux heures, le temps nécessaire pour arriver au bout de la promenade, on suit une belle route bien entretenue, bordée de superbes arbres d'une très-grande variété, palmiers de toutes sortes, cocotiers, mimosas, arbres à pain, bananiers, jaquiers, etc.

Le déjeuner est ordinairement suivi d'une partie de chasse; pour cela, on monte en barque avec des rameurs indigènes qui, pour tout costume, ont une légère ficelle attachée autour des reins. L'un d'eux est spécialement chargé de tenir un parasol sur la tête du chasseur, tandis que, placé à l'avant du bateau, il guette, le mousquet à la main, les poules d'eau et les oiseaux de riz, ou les corbeaux blancs et roses qui viennent voltiger autour de l'esquif.

Quelques naturels, montés dans un second bateau, suivent le premier pour battre les touffes de roseaux et en faire sortir le gibier.

Les huttes des indigènes sont établies sous les grands arbres au milieu de la forêt. La population est superbe, avec un regard franc, une belle barbe d'un noir luisant et un costume d'archanges.

Cette île, que les Anglais tiennent des Hollandais, bons colons cependant, était peu florissante sous ses anciens maîtres; maintenant elle est puissamment riche. Les Anglais savent introduire partout, non-seulement le confortable, mais encore le luxe et l'élégance, en même temps que la justice et la moralité, choses qui manquent trop souvent à nos colonies. Il n'y a absolument qu'un seul reproche à faire à Ceylan, c'est que l'indigène y empeste à deux lieues.

La première relâche, après avoir quitté cette île enchantée, est Singapoor, où le vaisseau mouillait un mois après notre départ de Marseille. C'est là une traversée rapide et qui n'est possible que dans des conditions tout à fait favorables ; car il faut pour cela filer treize à quatorze nœuds à l'heure.

L'*Hôtel de l'Europe,* à vingt minutes du port, est un immense caravansérail très-légèrement construit. On y trouve café, billards, salle de lecture, etc. Les chambres ouvrent d'un côté sur de larges vérandas donnant sur des cours plantées de beaux arbres, et de l'autre sur des préaux qui conduisent à des salles de bains complètes, affectées à chaque voyageur. Le coucher est moins confortable : les lits sont d'une dureté à courbaturer les moins délicats.

Parmi les principales curiosités de Singapoor, sont les jardins de Wan-pou, riche Chinois et consul général de Russie, qui a des goûts tout

1.

européens. Il vit très-somptueusement, ayant amassé une grande fortune, particulièrement dans les fournitures pour la guerre de Chine, en 1860. Ses jardins, très-vastes, renferment des arbres taillés en forme de dragons et d'animaux de toutes sortes, avec des boules noires pour figurer les yeux; il y a aussi des berceaux et des cabinets de verdure, des allées couvertes de sable fin, des canaux remplis de victoria regina, immense nénufar dont les feuilles mesurent 1^m,50 de diamètre, etc.

Six heures est le moment de la journée adopté à Singapoor par le *high life* pour sortir à pied ou en voiture. L'esplanade de l'hôtel s'anime alors d'une foule des plus élégantes, et sert de théâtre aux ébats de nombreux joueurs de crocket, pendant que des amateurs d'un autre genre se livrent à une flirtation des plus suivies.

Toute la ville est éclairée au gaz, et ce n'est pas peu dire; car les habitations sont disséminées au milieu d'immenses espaces vagues. Les villas des Européens s'élèvent au centre de grands jardins. Il n'y a de rues formées par les maisons que dans le quartier indigène, envahi de plus en plus par les Chinois, qui constituent la moitié de la population ouvrière; le reste est composé de Malais et d'Indiens.

C'est à Singapoor que les Hollandais se rendant à Batavia changent de direction. Pour nous, nous continuâmes vers Saïgon. On y arrive après quatre jours de mer et une navigation de cinq heures sur la rivière du même nom. La largeur et la profondeur de ce cours d'eau le rend accessible aux plus gros bateaux. Il fait d'innombrables détours, ce qui double le temps nécessaire pour remonter du cap Saint-Jacques à la ville. Mais la vue superbe dont on jouit pendant tout le trajet est un dédommagement. On suit la côte d'assez près pour apercevoir les alligators de la rive.

Notre colonie de Saïgon a quelque analogie avec Singapoor qui est un peu son aînée; les villas y sont moins nombreuses, les principaux monuments de la ville consistent dans les bureaux du gouvernement et les habitations des employés. On retrouve là le goût français de la bureaucratie. Le magnifique palais du gouverneur contient une salle de bal de toute beauté, où peuvent prendre place au moins mille personnes, ce qui semble indiquer que l'on s'attend à réunir un grand nombre de sauteurs dans notre colonie; mais comme, à l'inverse des Anglais, nos compatriotes convenablement établis reculent devant l'expatriation, on se demande quelles fêtes on pourra bien donner dans ces fastueux salons. C'est un trait caractéristique de l'esprit français, que cette importance donnée à un lieu uniquement destiné à la représentation et au plaisir officiel, alors que tant de services autrement importants et utiles sont négligés, à commencer par l'éclairage! Tandis que Pointe-de-Galles, Singapoor, sans citer les grandes villes comme Calcutta ou Batavia, sont éclairées au gaz, Saïgon brûle encore de l'huile de coco, et il en est ainsi pour tout le reste. Il paraît aussi que les entraves apportées par notre administration au commerce empêchent un grand nombre de négociants anglais de se fixer à Saïgon. Nous parlons beaucoup de la liberté, mais nous ne savons guère l'appliquer. Les Chinois, moins difficiles, se précipitent en foule sur ce point, où ils cherchent à se substituer à l'élément indigène annamite, et certainement ils y parviendront, car ils forment une race sobre, intelligente, laborieuse, douée au plus haut degré de l'esprit d'association. Les sociétés secrètes existent depuis longtemps en Chine. On ne reçoit même les Chinois dans notre colonie que s'ils sont affiliés à l'une des sept congrégations correspondant aux différentes provinces chinoises, desquelles sort la presque totalité des émigrants. Les chefs de ces associations sont responsables vis-à-vis du gouvernement de la bonne conduite de leurs adhérents.

De Saïgon, on se rend facilement à Cholen, ville chinoise et indigène, c'est-à-dire annamite, qui est à moins d'une lieue de là et compte environ quarante mille âmes. Il faut pour cela traverser la vaste plaine dite des tombeaux, à cause des milliers de tombes bouddhistes don elle est couverte. Quelques-unes sont assez curieuses. C'est toujours, d'ailleurs, la même disposition : un demi-cercle creusé à peu de profondeur dans le sol; on choisit un terrain légèrement incliné de manière à pouvoir pénétrer de plain-pied dans cette excavation. Le contour de ces hémicycles, dont les dimensions varient de deux à cinquante mètres, selon le rang du personnage, est formé soit de simples talus gazonnés, soit d'un revêtement de maçonnerie qui part, à droite et à gauche, d'une pierre plus élevée, placée verticalement, et derrière laquelle le mort repose dans la terre. Ce monolithe porte les inscriptions chinoises indiquant le nom du défunt. De pieux Chinois, qui avaient fait de bonnes affaires, ont construit à Cholen d'assez belles pagodes.

Sur la route, se trouve un petit enclos de bambous, grand de trois mètres carrés, dans lequel un boucher de la ville laisse en dépôt les caïmans dont la chair entre pour une grande part dans l'alimentation des indigènes. Ces aimables amphibies sont entassés les uns sur les autres, et attendent quelquefois six mois, sans manger, que leur tour vienne de l'être. Il y en a qui mesurent une douzaine de pieds de long, et, avec leur gueule de brochet, vous croqueraient bel et bien un homme.

Le *Mei-Kong* avait pour dernière étape Hong-kong : il y arriva le jour anniversaire de la naissance de la reine Victoria, et fut reçu par le sabbat de la musique anglaise, au milieu des drapeaux flottants. A l'occasion de cette fête, le gouverneur, Mr. Kennedy, donnait un grand bal dont sa fille, miss Kennedy, devait faire les honneurs. Cette jeune miss dirige tout ce que la constitution des colonies anglaises laisse d'autorité à son papa.

La ville, fondée en 1842, sur un rocher absolument nu, mais le long d'une excellente rade, offre un très-bel aspect avec ses villas suspendues aux flancs de la montagne. Ces habitations peuvent rivaliser avec celles de Frascati ou d'Albano, en laissant de côté, bien entendu, les œuvres d'art, quoiqu'elles renferment de ravissantes chinoiseries.

L'une des plus magnifiques est la villa Jardyne, à deux kilomètres de la ville : elle était autrefois gardée par une compagnie de cipayes. Cette maison de commerce était alors assez riche pour posséder une flotte composée des meilleurs marcheurs du monde. Ces rapides steamers ne servaient qu'à gagner de vitesse depuis Singapoor la malle anglaise, pour apporter, avant elle, les nouvelles du marché d'Europe.

Quant aux Français, ils font peu d'affaires sur la place de Hong-kong : nous n'y sommes guère représentés que d'une manière officielle par nos consuls, nos navires de guerre, etc. A l'exception de l'agence des messageries maritimes, il n'y a pas d'établissement français. En revanche, les Allemands y sont les maîtres. Leur prospérité se révèle à la richesse des édifices publics et privés qui leur appartiennent, et, entre autres, du club qu'ils ont fait construire : aussi beau à l'extérieur que le club anglais, il est mieux aménagé à l'intérieur.

Les villes les plus importantes de l'extrême Orient mettent ainsi à la disposition des Européens un ou deux de ces centres de réunion, qui sont organisés à la manière de nos grands cercles : on y trouve des salons de lecture bien approvisionnés de journaux et de revues, des salles de consommation, des salles de billard, mais il n'est pas d'usage d'y jouer aux cartes. Le bar est très-fréquenté, et il s'y débite quantité de gin, de brandy et même de vin de Champagne.

Le rez-de-chaussée est entièrement affecté à ces différents services. Le premier étage est occupé par les salons où des associations particulières donnent quelquefois des bals qui ne le cèdent en rien, pour les toilettes et la beauté des danseuses, à bien des fêtes de l'ancien monde. Au second étage, il y a, pour les membres du cercle, des chambres plus spacieuses et plus confortables que celles de l'hôtel.

A Hong-kong, on n'a plus une végétation tropicale, et quelquefois la température descend en hiver jusqu'à douze degrés au-dessous de zéro. Les appartements possèdent, en prévision de cet événement, de splendides cheminées. Les lits cependant sont disposés en vue de la chaleur; on couche sur un matelas de crin qui a deux pouces d'épaisseur, étendu sur un treillage de rotin analogue à celui des chaises de canne. Ce système doit être imposé par le climat, puisqu'il est généralement adopté; mais, malgré toute la justesse de ce raisonnement, le dormeur se lève chaque matin assez rompu. Les Chinois reposent simplement sur des nattes qui sont plus dures encore.

Dès mon arrivée en Chine, je trouvai les Chinois fort amusants. Ils ressemblent de tout point aux portraits qu'ils nous tracent d'eux-mêmes sur leurs éventails et leurs écrans, et que nous regardons comme des caricatures. — Le mode de transport le plus usité à Hong-kong, et en général par toute la Chine, est la chaise à porteurs. Les Chinois qui y sont attelés peuvent faire plus de deux lieues à l'heure et paraissent capables de marcher toute la journée.

En quittant Hong-kong, je m'embarquai pour Swatao, port chinois assez important, sur la rivière du même nom. Il n'offre d'ailleurs aucun intérêt; les pauvres fonctionnaires et négociants européens, parmi lesquels ne se trouve aucun Français, y sont perchés sur un rocher où ils doivent mener une vie des plus tristes.

De là, je gagnai directement Amoy, ville affreusement sale, qu'il faut traverser pour aller visiter un temple assez curieux.

Les rues y sont larges d'un mètre environ; une personne, même toute seule, devait se ranger pour laisser passer notre chaise. Comme dans les bazars orientaux, les boutiques viennent jusqu'au milieu de la voie publique. Elles sont toutes extrêmement petites et tenues par un homme seul. M. Le Play, l'auteur de l'ouvrage intitulé : *les Ouvriers européens*, trouverait que cet isolement du travailleur dans un atelier qui ne contient que la famille et un nombre très-restreint d'apprentis, réalise l'idéal qu'il rêve et développe dans son livre.

Mais si les Chinois se trouvent bien de ce

système (et il y a tout lieu de le penser, puisqu'ils opposent une si grande inertie à toute innovation), c'est qu'ils savent se passer de tout confortable, et semblent même se plaire dans une boue insondable, pour laquelle leur édilité paraît un peu trop respecteuse. Quand il pleut, les coolis, ou porteurs de chaises, mettent parfois le pied dans une flaque d'eau où ils enfoncent jusqu'à la cheville. Ce ne sont partout que tas d'ordures, particulièrement de débris de nourriture et surtout de poissons, dont vivent exclusivement, en Chine, les populations côtières. Cette alimentation, soit dit en passant, pénètre même beaucoup à l'intérieur, sous forme de conserves. Les Chinois pataugent à leur aise, nus jusqu'à la ceinture, continuellement occupés à porter des fardeaux ou à quelque autre besogne.

En résumé, cette ville, avec ses maisons à un étage, ses rues étroites, sombres, bordées de tous côtés de cellules remplies de provisions et animées par une population grouillante, donne parfaitement l'idée d'une fourmilière vue au microscope.

Le temple a un aspect beaucoup plus imposant. Il occupe une montagne entière, couverte d'immenses blocs de granit découpés avec toute la fantaisie que la nature, et surtout la nature chinoise, apporte à ses œuvres. Ces quartiers de roc forment un labyrinthe de petits sentiers et d'escaliers raboteux; à chaque pas, des inscriptions, tracées dans la pierre avec une netteté digne des graveurs hiéroglyphiques de l'ancienne Égypte, apprennent au visiteur que tel ou tel Chinois est venu là, avec ses amis, déguster le meilleur des dîners, et vous souhaite d'en faire autant, ou encore il s'extasie sur les beautés du paysage, etc., etc. D'autres fois l'artiste improvisé s'est contenté de reproduire quelque passage des classiques ou une simple maxime. Çà et là, un petit hangar, soigneusement entretenu et rangé, abrite toute une tribu de dieux aux formes les plus bizarres. Si l'on s'arrête, le bonze, logé dans une maisonnette à côté, en sort comme une araignée qui saute sur une mouche prise dans sa toile, et vous présente d'excellent thé, que l'on accepte moyennant une légère offrande de sapèques. Ces pagodes en miniature sont toujours situées de façon à offrir une vue superbe.

En revenant du temple, je traversai un des

immenses cimetières chinois qui, autour des villes, couvrent la campagne; celle-ci n'en est pas moins bien cultivée pour cela, car les morts ne doivent pas empêcher les vivants de manger. Les tombes ressemblent à celles qui ont déjà été décrites. Plusieurs, réduites à leur plus simple expression, ne se composent que d'une petite pierre, à peu près de la forme triangulaire d'une borne kilométrique de France. Des inscriptions y sont gravées avec une grande habileté de ciseau. L'art épigraphique occidental était loin d'avoir atteint cette perfection, à une époque où cependant notre civilisation eût renié déjà tout parallèle avec la civilisation chinoise.

Fou-tcheou, grande ville de sept cent cinquante mille âmes, ne mérite pas d'être plus vantée qu'Amoy pour la propreté. Rien ne peut donner une idée des odeurs de poisson pourri et de viande corrompue qui s'exhalent des cloaques que l'on rencontre à chaque pas.

J'eus à Fou-tcheou l'occasion d'aller rendre visite au vice-roi, ou gouverneur des deux provinces chinoises, avec le ministre de France et le personnel de la légation qui l'accompagnait.

Cette réception eut lieu suivant les rites accoutumés. L'heure était convenue d'avance; nous arrivâmes tous en chaise devant le yamen; la porte était fermée; le ministre fit remettre sa carte au portier, pour être présentée au vice-roi, qui dut prononcer la formule consacrée : « Qu'on fasse avancer son char! » A peine avions-nous attendu deux minutes qu'on nous fit pénétrer dans la première cour; en même temps, notre entrée était saluée de trois coups de canon, représentés par de gros pétards. Après avoir traversé deux autres cours (il y en a toujours trois dans les résidences officielles des mandarins), nous trouvâmes celui que nous allions visiter, qui était venu au-devant de nous. Il nous conduisit dans l'appartement où il comptait nous recevoir. Deux grands fauteuils occupaient le fond de cette salle d'audience. Le vice-roi s'assit sur celui de droite, pendant qu'il offrait à son hôte principal celui de gauche : c'est la place d'honneur en Chine. Nous autres, seigneurs de moindre importance, nous prîmes place sur des siéges rangés à droite et à gauche, et séparés chacun par une petite table à thé.

Le vice-roi de Fou-tchéou est un vieux général qui s'est distingué contre les rebelles; il est Tartare et un peu culotte de peau. Il parlait sans attendre les réponses, dans la conversation conduite avec l'aide d'un interprète. Dès le début de la séance, on avait apporté le thé : le visiteur doit en boire pour donner le signal du départ, ce qui eut lieu après un quart d'heure. Le vice-roi nous conduisit alors au bout de la salle, auprès d'une table ronde, couverte d'une superbe collation chinoise. Une bouteille de vin de Champagne était là, pièce rare, mais c'est la même qui depuis dix ans sert à toutes les réceptions d'étrangers; cela lui promet de longs jours encore.

Notre hôte nous fit, avec la plus parfaite courtoisie, les honneurs de sa table; après quoi nous le quittâmes. Une heure après il revint, avec un nombreux cortége, rendre la visite qu'il avait reçue. Cet homme, dont le yamen officiel n'est qu'une sorte de grange, commande à quarante millions d'habitants et dispose absolument d'un budget illimité qu'alimentent les ressources les plus diverses, non pas toujours, il est vrai, les plus légales.

Je quittai sa capitale après un séjour d'un peu moins d'une semaine, et je touchai ensuite à Ning-po. La propreté y paraît moins ignorée qu'à Amoy et à Fou-tchéou. Les boutiques renferment de jolies choses en fait de menuiseries, marqueteries, laques rouges : c'est une des spécialités de l'endroit. Les étrangers remarquent surtout certains lits qu'on y trouve encore. Ils sont enfermés dans une sorte de treillage en bois peint et doré, semblable à une alcôve, où l'on pénètre par une ouverture circulaire; la même disposition est répétée en avant par une espèce de petit salon qui forme antichambre et mesure à peine un mètre de large; une entrée, toute pareille à celle du lit et ouvrant sur l'appartement, y donne accès. En Chine, portes et ouvertures affectent souvent les formes les plus bizarres.

En face de Ning-po est l'île de Chusan, dont la capitale est Ting-haï. Deux missionnaires y sont à la tête d'un asile pour les petits enfants, dirigé par quatre Sœurs de Saint-Vincent de Paul. C'est tout ce qu'on peut voir de plus misérable. Il n'en est pas de même de l'établissement des Jésuites, à Shang-haï, où je me rendis ensuite.

Les Pères sont fort bien installés dans leurs trois maisons, situées, l'une à Tong-ka-dou, dans la ville chinoise, l'autre à Siu-ka-wei, dans la campagne, et la dernière à Saint-Joseph, dans la ville européenne. Leur beau jardin produit d'excellents légumes, avantage précieux dans un pays où l'on est souvent obligé de vivre de ses propres ressources. Ils possèdent un observatoire astronomique très-complet, placé sous la direction d'un Père, qu'on a envoyé préalablement étudier à Paris, à Londres et à Rome auprès du savant Père Secchi. La colonie anglaise de Shang-haï fournit, sans préjugé de confession religieuse, une subvention à cet établissement, qui publie tous les jours un bulletin météorologique, et dont les services profitent à tous.

Les Jésuites ont bâti à Shang-haï plusieurs belles églises; ils sont, dit-on, avec les Lazaristes, les plus riches propriétaires de la concession française. Ils dirigent un séminaire et un asile tenu par des religieuses françaises; malheureusement, les résultats ne répondent pas au dévouement qu'on y déploie : à leur sortie de la maison, les garçons ne songent, pour la plupart, qu'à se soustraire au joug des Pères; quant aux petites Chinoises, qui ne demanderaient qu'à persévérer, l'indépendance leur manque absolument. En Orient, il faut sous ce rapport y comprendre la Chine, non-seulement la femme n'a pas d'influence sur son mari et ne peut songer à le convertir, mais il ne lui est guère possible de rester chrétienne elle-même, à moins d'épouser un chrétien.

Shang-haï est une ville tout européenne, créée principalement par les Anglais, qui ont triomphé là de toutes les difficultés de climat et de position. Ils ont encore vaincu celles de la guerre, de la rébellion, et, de plus, les complications financières amenées par l'invasion des Chinois qui fuyaient devant les Taï-pings; les terrains y devinrent alors l'objet de spéculations insensées, qui, après avoir enrichi la ville, la ruinèrent ensuite. Mais la sagesse ordinaire des Anglais a su traverser cette crise, et Shang-haï a reconquis toute sa prospérité. La ville chinoise attenante aux concessions européennes compte environ quatre-vingt mille habitants.

Pendant l'été, les chaleurs excessives de Shang-haï s'opposent à toute vie à l'extérieur;

mais l'hiver amène de grandes chasses qui mettent en mouvement la colonie anglaise.

La première halte, sur la route de Pékin, à trois jours de bateau de Shang-haï, est Tche-fou ; c'est une station de bains de mer fort à la mode en Chine. Les femmes des commerçants y vont passer la saison chaude, qui est précisément celle des affaires, de sorte que leurs maris restent à expédier thé et soieries, tandis qu'elles s'établissent dans un hôtel élégant et bien situé, organisé pour loger plus de cinquante familles. De la véranda, on a une fort belle vue sur la baie très-large et formée par une ceinture de montagnes aux découpures les plus pittoresques. A côté, s'élève un boarding-house, tenu par un Italien. On admire encore deux ou trois villas, pour les princes du commerce de ces mers : ce sont les maisons Russel, Jardyne et autres. Des consuls de presque toutes les nationalités sont réunis à Tche-fou, qui passe pour un lieu sain et toujours frais, contrairement aux autres points du littoral, véritable zone torride en été. La plage, couverte du sable le plus fin, invite à se baigner dans des eaux limpides. Elle est magnifique : il n'y manque qu'un peu plus de promeneurs, d'animation et de musique.

La rade est bonne et surtout très-fréquentée. Le port, un peu en arrière, est bordé d'hôtels élégants. Il y a un commerce si considérable dans ces mers, que presque tous les jours des bateaux à vapeur partent de Shang-haï pour Tien-tsin; tous relâchent à Tche-fou. Cette rade, lorsqu'on y entre, offre un splendide panorama : de petits villages chinois, semés le long de la mer, émergent de la verdure et font de loin un effet charmant; mais il ne faut pas les visiter, sous peine d'être désenchanté par une saleté abominable et toutes les exhalaisons infectes qui s'y répandent. La Chine justifie bien sa réputation générale de mauvaise odeur. Il est impossible de pénétrer à l'intérieur des maisons, qui, d'ailleurs, sont toutes d'apparence uniforme.

On ne rencontre jamais ce qu'on appellerait en Europe un château ou maison bourgeoise. Les Chinois ne peuvent étaler aucun luxe; les mandarins ne manqueraient pas de leur faire observer que Confucius a prescrit de tout partager avec son frère, et que l'État en est un; il y aurait à tirer de ce précepte des conséquences désagréables. On envoie parfois les enfants à l'école dans les pagodes; aux environs de la ville j'en ai visité une, où sept ou huit gamins épelaient, en criant à tue-tête, leurs livres d'éléments chinois. Bâtie sur une montagne, elle servait de refuge à une dizaine de bonzes et à autant de bouddhas en terre cuite peinte, de grandeur naturelle. On brûle de petits bâtonnets d'encens devant le plus beau, qui est juché sur l'autel.

Je fus transporté de Tche-fou à Tien-tsin par la petite canonnière française *la Couleuvre*, sous les ordres de l'aimable commandant Pougin de Maisonneuve.

Au bout de dix-huit heures de traversée, nous arrivâmes à Ta-kou, à l'embouchure du Pei-ho. Pour défendre l'entrée de la rivière, les Chinois ont construit des forts hérissés de canons : ils ne leur sont pas d'une grande utilité, attendu qu'ils n'ont pas d'artilleurs; mais cela peut leur inspirer confiance à un moment donné. Le fleuve serpente au milieu de la contrée la plus plate que l'on puisse imaginer. C'est un terrain d'alluvion très-productif, mais en hiver les récoltes sont enlevées, et la terre forme une poussière fine et légère, balayée par le vent, qui tourbillonne en nuages épais.

Dès que vient l'été avec sa température chaude et humide, le voyageur étonné voit le désert qu'il a traversé se transformer en plaine fertile et se couvrir de riches moissons de riz, de maïs, de millet et autres plantes auxquelles deux mois ont suffi pour atteindre plusieurs pieds de haut. Toutefois, les arbres ne commencent à se montrer que lorsqu'on approche de Pékin.

Les villages, dans cette plaine, ont tous le même aspect pauvre, misérable et bas; les maisons n'ont qu'un étage : elles sont construites en briques grises cuites au soleil, qui se délitent à la pluie et donnent aux murs un air de délabrement.

Tien-tsin, qui n'est plus qu'à quatre-vingts kilomètres de Pékin, peut compter de sept à huit cent mille âmes.

On y trouve des consulats des diverses puissances, des agents de toutes les compagnies de navigation à vapeur, et un hôtel à l'anglaise : les Chinois ont créé dans le voisinage un petit arsenal pour la fabrication des cartouches et l'entretien des armes de provenance europénne.

II.

PÉKIN.

Pour se rendre à Pékin, on va d'abord à Tong-tcheou, qui n'en est éloigné que de quinze kilomètres. Ce premier trajet se fait par terre, en voiture ou à cheval, ou encore, si l'on veut voyager commodément, par eau, en remontant le cours du Pei-ho. Quand on prend cette dernière voie, on part dès l'aube. La traversée de la ville en bateau est une opération assez difficile, le courant étant très-fort et l'eau profonde. Les jonques démarrent toutes à peu près à la même heure et forment un encombrement qui, à première vue, semble inextricable. Les bateliers appuient leurs gaffes de bambou sur les plus gros bateaux et les font dévier de leur direction : ce sont alors des cris, des imprécations, un tumulte indescriptible ; on aperçoit des gestes de magots, on entend des clameurs inouïes, les hommes sautent d'un bateau sur l'autre, s'injurient, et tout ce tapage, pour avancer de quelques mètres. Celui qui fait pour la première fois le trajet croit qu'il ne sortira jamais de cette forêt de mâts, de voiles en rotin, d'amarres, de jonques de toutes les grandeurs, et surtout de ce charivari assourdissant; mais il admire l'adresse et la bonne volonté de l'équipage, et, en somme, la douceur des rapports qu'ont entre eux les bateliers. Ils n'en viennent jamais aux coups, et sont fort empressés à se prêter secours les uns aux autres, dans ces passages difficiles. Si l'on pouvait comprendre ce qu'ils se disent, on serait plus émerveillé encore de leur politesse. « Mon frère aîné consentirait-il à reculer un peu son bateau ? » — « Mon grand frère voudra-t-il laisser passer mon pauvre petit rafiot à côté de son magnifique navire à trois mâts ? etc. »

En sortant de Tien-tsin, on passe devant l'emplacement où s'élevait l'église catholique, détruite par la populace, en juin 1870, au moment où furent massacrés les Français qui se trouvaient dans l'établissement voisin.

A la suite des réclamations présentées par notre gouvernement, on devait élever en ce lieu un monument impérial, c'est-à-dire une grande pierre sur laquelle on aurait inscrit, en tartare et en chinois, le récit de l'événement, le châtiment qui a été infligé aux coupables, dont seize ont été exécutés, et les instructions sévères données par le souverain pour faire respecter à l'avenir les biens et les personnes des étrangers. Depuis treize ans rien n'est encore fait... qu'en principe, et nos morts attendent toujours qu'on daigne graver leurs noms sur la stèle de leurs tombes.

Il paraît que les principaux organisateurs de ces massacres (il y avait parmi eux des mandarins, compromis pour n'avoir pas empêché le crime que leur autorité pouvait prévenir) trouvèrent à se faire remplacer pour la peine capitale. La chose n'est pas impossible en Chine : pour cela, on donne à de pauvres diables une somme assez ronde; ils en mangent une partie en ripailles et laissent l'autre à leur famille. On leur assure, en outre, un tombeau et une sépulture magnifique, les mêmes cérémonies, les mêmes honneurs qu'aurait eus celui dont ils prennent la place : c'est une chose très-importante pour les Chinois, qui se préoccupent beaucoup du sort de leur dépouille mortelle quand ils ne seront plus.

On ne peut pas, en hiver, remonter le Pei-ho car il est gelé dans cette saison. Pendant l'été, ses bords sont très-verts; de tous côtés, on aperçoit des champs de sorgho, de blé, de choux, de raves, etc., et même quelques rizières.

Les villages, entourés alors de verdure, n'ont point l'air misérable; mais, au mois de mars, les plaines qu'on traverse sont nues comme si elles venaient d'être dévastées.

Le vent soulève en nuages de poussière les fines et riches alluvions dont la terre est formée, les villages construits en briques grises et en boue ne se détachent plus sur les champs, qui ont exactement la même teinte : la vue est triste et monotone.

On raconte que M. de Lallemand, qui a été ministre plénipotentiaire à Pékin, ne put, la première fois qu'il remonta le Pei-ho, retenir ses larmes, en pensant qu'il allait séjourner dans un pays aussi peu attrayant.

A Tong-tcheou, il faut, pour faire son entrée dans la capitale, se résoudre à prendre un poney mongol, à moins qu'on veuille affronter les cahots des chars du pays. Un grand empereur de la dynastie des Mings a fait commencer autour de Pékin des voies vraiment royales, mais qui n'ont pas été prolongées au delà de quarante kilomètres environ.

Ces routes, qu'on n'entretient jamais, avaient été, à l'origine, pavées de dalles de granit, comme les anciennes chaussées romaines; mais le temps les a disjointes, il y en a beaucoup qui manquent, et laissent des trous béants, où les roues des voitures s'enfoncent tout à coup, en secouant de la manière la plus désagréable le pauvre voyageur que ne protége aucun ressort dans ces véhicules tout à fait primitifs.

Pékin est situé au centre d'une grande plaine très-fertile et parsemée de petits bouquets, de beaux arbres plantés en quinconce. Ils ombragent la sépulture de quelque grand personnage et donnent un aspect très-riant aux environs de la capitale. Le tombeau lui-même n'est souvent qu'un tertre de gazon; quelquefois le monument est en marbre, et sa blancheur se détache au milieu de la verdure. Il se compose presque toujours alors d'un ou deux portiques et d'un dé surmonté d'une tortue; sur le dos de celle-ci s'élève une colonne plate, où sont gravés les noms et titres du défunt.

A quelques-unes de ces sépultures sont annexés de petits temples, avec ou sans gardien ; mais ceux qui sont abandonnés à eux-mêmes tombent généralement en ruine ; j'en ai vu un, entre autres, qui avait dû jadis être tout à fait princier : vingt-cinq statues de bronze, de deux mètres et demi de haut, gisaient pêle-mêle renversées au milieu d'un fouillis d'arbres et de débris de constructions ; néanmoins, le respect des morts préserve tout cela des voleurs.

Le premier aspect de Pékin est imposant. La ville est formée par la réunion de deux quadrilatères juxtaposés et tous deux entourés de hautes murailles. Le plus grand renferme le palais et la population tartare des bannières ; l'autre, la ville chinoise et commerçante. Ils ont ensemble environ huit kilomètres de long sur six de large. Les remparts de la ville tartare sont un peu plus hauts que ceux de la ville chinoise. Ils sont d'ailleurs pareils et formés d'un revêtement intérieur et extérieur en briques, avec de la terre au milieu. Le dessus, qui peut avoir quinze mètres de large, est pavé de dalles de pierre ou de briques plates. La hauteur est d'environ vingt mètres. On a souvent décrit cette enceinte, aux bastions réguliers, les tours à cinq étages qui les surmontent et leurs petites fenêtres fermées de volets de bois, sur lesquels un rond peint en noir cherche à imiter la gueule d'un canon.

L'impression produite par l'aspect extérieur change complétement lorsqu'on parcourt la ville; cette capitale apparaît comme un immense village. Les rues sont larges et tirées au cordeau, mais les maisons ne se composent que d'un rez-de-chaussée. On l'a dit il y a longtemps, la maison chinoise, dont la partie importante est le toit, qui repose toujours sur des piliers de bois perdus dans les murs, n'est qu'une tente perfectionnée. Disposées comme elles le sont à Pékin, ces constructions donnent à la ville l'aspect d'un campement plus ou moins provisoire. Les briques crues avec lesquelles elles sont bâties ont une teinte grise et boueuse. Quelques boutiques font seules contraste sur l'ensemble, avec leurs façades en bois sculpté et doré, d'un effet original; les plus ornées sont généralement les pharmacies.

Des arcs de triomphe en bois, peints de riches couleurs et couverts de tuiles vernissées, coupent les rues de distance en distance; beaucoup tombent en ruine : les Chinois, comme tous les Orientaux, ne réparent jamais rien.

Néanmoins, tout cet ensemble a grand air; le peu d'élévation des maisons permet d'apercevoir de tous les points quelque monument plus haut que les autres ou une tour du palais, dans le lointain : cela rend présente à l'esprit l'étendue de la ville, et fait concevoir une impression de grandeur. C'est ainsi qu'à Paris les quais parlent beaucoup à l'imagination, parce qu'on y embrasse d'une seule vue le Trocadéro, l'Arc de triomphe, Notre-Dame, avec les sommets de Montmartre : on a alors le sentiment d'une grande agglomération que ne donnent ni les boulevards ni même la place de l'Opéra. Pékin, qui, d'ailleurs, ne compte pas le quart d'habitants de Paris, produit cet effet d'immensité

Les Européens peuvent en toute sécurité circuler dans Pékin; on leur accorde peu d'attention, et j'ajouterai, de considération; jamais on ne leur permet de pénétrer dans le palais impérial, même pour les audiences officielles. On leur a interdit aussi, pendant dix ans, de passer par certaine rue qui longe ce palais et qui pourtant est ouverte à tout Chinois coiffé du chapeau de cérémonie, et même aux mendiants, n'eussent-ils que cette coiffure pour tout costume. Le premier acte de vigueur de la légation d'Allemagne à Pékin, après la guerre de 1870, a été d'exiger l'accès de ce passage à tous les Européens.

La plus belle vue de Pékin est celle que l'on a du pont de marbre jeté, à l'endroit où il se resserre, sur un lac creusé au milieu de la ville. Les eaux sont couvertes, en été, de nénufars et de feuilles de lotus, sauf à quelques places où s'abattent des volées de grands cygnes sauvages.

On aperçoit de ce point les jardins du palais avec leurs balustrades en marbre blanc et leurs petites montagnes artificielles surmontées de kiosques aux angles relevés en pointe.

La ville tartare, dont le palais forme le centre, sert de résidence aux grands dignitaires et aux princes; leurs yamens se font remarquer par la hauteur de leurs toits couverts en tuiles vernissées, vertes pour les premiers et jaunes pour les seconds : le jaune est la couleur impériale. Le commerce habite de préférence la ville chinoise. La porte qui met en communication les deux villes est fermée tous les soirs, et s'ouvre seulement une heure au milieu de la nuit, pour laisser entrer les provisions.

La jeunesse dorée, qui est allée souper dans les restaurants de la ville chinoise, en profite pour rentrer au logis, et l'on voit à ce moment des files d'élégants équipages traverser la porte de Hata-men. Une voiture de maître à Pékin ne se distingue de la plus commune, louée pour quelques sous sur la place, que par une plus grande propreté, par la finesse de la soie dont l'intérieur est tapissé, et par la beauté de la mule qui y est attelée. Quant à la forme, elle est exactement la même; les lois somptuaires ne permettent pas qu'on se distingue sous ce rapport. Ceux qui n'ont pas de carrosses à eux appartenant trouvent facilement à s'en procurer : il y en a dans la rue autant que de fiacres à Paris.

Il ne faut pas quitter Pékin sans faire quelques excursions aux environs; les ruines du

Palais d'Été sont à visiter. On donne ce nom à un ensemble de bâtiments, de pagodes, de lacs et de jardins, qui couvrent un espace de soixante hectares au moins, et où la cour résidait autrefois en été.

Ce Versailles chinois, créé par les premiers empereurs de la dynastie des Ta-tsing, qui règne actuellement, date de la même époque que le palais de Louis XIV.

Ce sont ces princes mandchoux qui ont fait creuser les étangs artificiels, et élever, pour servir de points de vue, tous ces ponts de marbre; ce sont eux qui ont fait construire jusque sur les flancs des montagnes, à l'horizon, de vastes façades destinées uniquement à former perspective et à simuler de grands forts. Tout cela donne encore l'illusion d'un parc presque illimité.

Dans un coin de ces jardins, appelés en chinois *yuen-min-yuen,* se trouvaient quelques bâtiments européens élevés sous la direction des Pères Jésuites, si influents, dès la fin du dix-septième siècle, à la cour de Pékin. Cette partie, qui n'était pas la moins curieuse, comprenait sept ou huit maisons en pierre à deux étages.

Tout l'intérieur de ce petit Trianon a été détruit en 1860, avec le reste du palais; mais on peut voir les plaques de terre cuite, très-originales, qui décoraient les façades et formaient les encadrements des fenêtres.

Ce sont des groupes de fleurs et de fruits en poterie couverte d'émail vert, jaune ou violet, semblable à celui que l'on trouve encore sur les tuiles brillantes des monuments du pays. Cette décoration polychrome est du plus bel effet.

On se souvient des polémiques qu'a soulevées la presque totale destruction de ces merveilles par les Européens, pendant la campagne de Chine en 1860.

Anglais et Français s'accusent réciproquement. Mais il semble probable que les Anglais usèrent de représailles vis-à-vis de la mauvaise foi des autorités chinoises, qui promettaient toujours de rendre plusieurs prisonniers du corps expéditionnaire anglais, qu'on savait fort bien avoir été massacrés. Cette dévastation, est, certes, regrettable en elle-même, comme le sont toutes les conséquences funestes de la guerre. Il faut dire pourtant que ce témoignage irréfragable de la victoire des alliés était peut-être nécessaire à la vanité chinoise, qui sans cela serait disposée à croire, au moins dans les provinces éloignées, que nous avons été jetés à la mer.

Le fait est que, pour diminuer aux yeux des peuples la honte de sa défaite, la cour de Pékin semble avoir fait répandre le bruit que les indemnités que nous avons exigées ne nous ont été accordées que pour acheter notre soumission et l'évacuation de nos troupes.

Il faut encore aller visiter Che-san-ling, où sont les treize tombeaux, dernière et majestueuse demeure des empereurs de la dynastie des Mings, qui a précédé la dynastie actuelle des Mandchoux. Les premiers empereurs Mings résidaient à Nankin ; ils ne transportèrent le siége de leur empire à Pékin qu'afin d'être plus à portée de la frontière et pour résister plus facilement aux Tartares, qui déjà menaçaient leur puissance. Cette émigration rappelle celle de l'empire romain à Constantinople, avec cette différence qu'en Chine il n'y eut pas de partage.

Le site choisi pour la sépulture des empereurs est par lui-même singulièrement imposant. C'est une enceinte naturelle de montagnes, fermée du côté de la plaine par un rempart artificiel en terre. On y arrive par une avenue de colossales statues en granit d'animaux debout ou couchés, et de mandarins dans leur grand costume : on dirait un conseil de ministres qui ont été pétrifiés, et, pendant une demi-lieue, forment encore la haie sur le passage de leur empereur, au moment où il se rend à sa dernière demeure.

Chacun des treize monuments, placé au pied des pentes, semble une porte par laquelle on pénètre au cœur même de la montagne où repose le défunt. Tous diffèrent de forme et de dimensions. Le plus considérable est composé d'une vaste salle, dont la toiture repose sur cinquante colonnes de bois de teck, tirées du Cambodge et dont la plupart ont soixante pieds de haut et près de douze de diamètre. On y pénètre par un perron orné de balustrades de marbre; en arrière, un autre large escalier conduit à une plate-forme où se trouve un piédestal qui masque l'entrée du caveau. Ce piédestal est surmonté d'un monolithe de dix pieds de haut, sur lequel sont seulement gravés quatre gros caractères chinois, qui signifient : « Ici repose un tel, Empereur. » Cette unique inscription pour rappeler le mort ne manque pas de grandeur dans sa simplicité.

III.

SÉJOUR DANS UN TEMPLE AUX ENVIRONS DE PÉKIN.

J'écris dans le plus joli petit kiosque chinois qui se puisse voir, en Chine du moins, car peut-être a-t-on mieux en Europe ; mais le cadre du mien est inimitable.

Afin de faire plus ample connaissance avec les environs de la capitale, je me suis décidé à passer quelques jours dans le temple de Kiè-tai-tse, situé sur les hauteurs qui enserrent au sud-ouest la plaine de Pékin. Il y en a beaucoup d'autres semblables, échelonnés dans la montagne, et où l'on peut loger ; mais celui-ci est parmi les plus renommés.

On peut aisément, en partant de bonne heure, arriver pour le soir à Kiè-tai-tse. J'avais suivi une de ces routes dallées qui rayonnent autour de Pékin. A vingt kilomètres, le pavé cesse, et l'on voyage en plein champ, ou au moins sur un chemin à peine tracé au milieu de la campagne.

La pluie m'ayant retenu jusqu'à une heure de l'après-midi, je dus coucher à Lo-Kou-kiao, ville fortifiée et jadis importante, mais aujourd'hui à peu près déserte; pourtant, il s'y trouve encore quelques auberges. Je m'installai dans la moins encombrée, avec tout mon personnel, composé d'un ma-fou ou palefrenier à cheval, qui devait toujours me suivre, de mes deux domestiques et des conducteurs des voitures à bagages et à provisions.

Je me remis en route le lendemain, à sept heures du matin. Je tombai en arrivant à Kiè-tai-tse au milieu d'une fête qui avait réuni environ deux cents bonzes étrangers.

Les cérémonies qui s'y font alors attirent une grande foule de dévots et de dévotes. Cette circonstance m'empêcha d'être reçu moi-même; car un Chinois, qui pourtant donne à sa femme assez de liberté, ne craint rien tant que de la laisser voir à un Européen. Les bonzes eurent peur, s'ils m'accueillaient, de faire fuir leur clientèle chinoise, qui paye fort bien, et fait de ses offrandes une affaire de conscience. On me déclara donc qu'il n'y avait plus de place, et le portier me conseilla de me rendre à un autre temple, appelé Pa-ta-tchou, où l'on n'aurait pas les mêmes raisons de refuser à me loger.

Je remontai à cheval, pour aller au-devant des voitures que j'avais précédées, et les faire changer d'itinéraire; mais elles avaient pris une autre route, et j'arrivai à Lo-kou-kiao sans les avoir rencontrées. Je leur fis dire de se rendre à Pa-ta-tchou, où je les rejoignis sans autre contre-temps.

Ce temple, comme son nom le signifie, est formé par la réunion de huit pagodes, échelonnées le long d'une gorge, dans la montagne. Chacune d'elles présente le même encombrement de terrasses, de petits bassins, de pots de fleurs, de grands vases remplis de nénufars, etc.

Les Chinois n'ont pas de maisons de campagne; mais ils viennent séjourner un certain temps dans des pagodes, qui offrent tout le pittoresque et, au point de vue chinois, tout le confortable et l'élégance désirables. On y trouve de l'ombrage, des eaux jaillissantes, de magnifiques monuments en marbre blanc, et un Européen peut même y chasser le faisan, que dédaignent les indigènes. Chacune des pagodes de Pa-ta-tchou est distribuée de manière à recevoir cinq ou six personnes, en ne comptant que les chambres disponibles, sans qu'il soit besoin de déranger aucune divinité. Celle où j'étais installé était en même temps habitée par une famille de Pékin, où se trouvait une fillette fort gentille avec sa mine éveillée, ses yeux de souris, sa tunique bleue, ses petits pantalons verts et ses mèches de cheveux noués sur le côté avec une fleur.

Elle venait souvent me regarder écrire; ses parents et elle paraissaient fort édifiés d'apprendre que ces caractères, qui faisaient leur étonnement, étaient destinés à ma famille; la vénération pour les parents est le sentiment le plus profond chez les Chinois, et même le principe fondamental de leur société.

Un de mes hommes m'ayant assuré qu'il avait des intelligences parmi les bonzes de Kiè-taï-tse et se chargeait de me faire recevoir par eux, je me remis en campagne pour une nouvelle tentative de ce côté.

Je dus coucher en route dans une petite pagode de second ordre appelée Ta-houi-tchang. Elle était gardée par un bonze de la secte de

Tao, qui porte les cheveux en chignon autour d'un peigne, au lieu d'avoir la tête rasée comme les prêtres bouddhistes, qui sont tous entièrement tondus.

Ta-houi-tchang est construit sur un plan que reproduisent d'une manière assez uniforme les nombreuses pagodes de moyenne grandeur qui existent dans la campagne. Un mur percé de trois ouvertures sépare du chemin une première cour; la porte de gauche est condamnée, celle de droite reste ouverte au public; celle du milieu n'est qu'un large porche, sous lequel sont placées cinq ou six idoles dont les dimensions varient de un à deux mètres, selon l'importance du temple. Dans cette cour carrée se trouvent, à droite, le logement du bonze, à gauche, les chambres disponibles. Au fond est une chapelle remplie de statues, avec des tables, des vases et des brûle-parfums. C'est là qu'on apporte les offrandes de fruits, de pain, de sapèques, et les bâtonnets d'encens que l'on fait brûler.

Derrière ce bâtiment s'étend une autre cour, autour de laquelle règnent encore une foule de petites chapelles également pleines d'idoles; au fond s'élève le sanctuaire le plus richement orné et contenant les plus belles statues de Bouddha.

Les très-grandes pagodes seules s'écartent de cette disposition; chacune d'elles est construite sur un plan différent.

Je me remis en route au matin pour Kiè-taï-tse; à mon arrivée, on faillit me refuser encore l'entrée de la place; enfin, mes gens ayant assuré que je ne chercherais pas à détourner de leurs devoirs les belles Chinoises occupées à faire leurs dévotions, on me promit un appartement dans un coin écarté de la pagode, et cela moyennant la somme respectable de vingt piastres, soit cent vingt francs, dussé-je ne l'occuper qu'un jour. Il était trop tard pour chercher un autre gîte, et j'acceptai cette hospitalité si peu écosssaise.

La chambre où je suis enfin installé a huit mètres de long sur cinq de large. Les murs sont couverts de papier blanc à dessins glacés sur fond mat. Ni les fenêtres ni les portes ne peuvent se fermer de l'intérieur; espérons que je ne serai pas dérangé par des visites imprévues.

Le mobilier se compose de deux tables et de deux guéridons en palissandre ou en bois de fer, rangés le long du mur et séparés l'un de l'autre par un fauteuil de même bois. On s'assied sur ces siéges, et l'on place sur les tables la tasse à thé et la pipe, accompagnement obligé de toute conversation chinoise.

De ma fenêtre, le regard embrasse la vaste plaine du Pé-tchi-li, dont les champs, riches de leur troisième récolte, s'étendent à perte de vue; sur la gauche, on aperçoit des montagnes parsemées de pagodes comme celle où je me trouve; ce sont Pa-ta-chou, Ping-nin-ssei, etc.

Dans la plaine, serpentent deux larges rivières, dont le cours sinueux forme un ruban d'argent qui se perd à l'horizon vers le sud-ouest, dans la direction de Tien-tsin et de la mer. Dans le lointain, les murs sombres de Pékin forment un vaste quadrilatère, au milieu duquel brillent les toits vernissés des kiosques du palais, des temples et des yamens. Çà et là, dans la plaine, se dressent les hautes tours à étages et à clochettes, dont le dessin est si connu. Enfin, le premier plan est formé par les grandes têtes plates des pins, qui poussent au pied et sur les flancs de la montagne.

La grosse cloche de bronze sur laquelle le Quasimodo du couvent fait continuellement retomber un lourd balancier de bois, donne toutes les cinq minutes sa note grave : elle prête de la vie au tableau, en ajoutant à la mélancolie poétique qu'ont par eux-mêmes les grands panoramas.

Tout dans la nature semble calme et tranquille, et pourtant une tempête se prépare pour moi. Tandis que je m'abandonne à la contemplation du spectacle que j'ai devant les yeux, voilà que la voix de mon palefrenier me rappelle soudain à la réalité : le cuisinier, dit-il, refuse de lui préparer à manger. Un autre domestique confirme le fait et assure, avec force prosternations, que si je n'interviens pas, ils sont condamnés à mourir de faim.

Mandé à la barre, le chef déclare qu'il consent à faire la cuisine pour moi et pour mon chien, mais que pour toute autre personne il refuse. Je frémis d'horreur en voyant la discorde se mettre ainsi parmi mes gens.

Tout le monde n'a pas eu l'heur de se trouver dans un pays inhospitalier, au milieu d'hommes dont la langue et même les gestes vous sont inintelligibles et dont la cuisine est exécrable : aussi, peut-être aura-t-on quelque peine à concevoir mon embarras. Figurez-vous que vous traversez un abîme sans fond, ou plutôt peuplé de crapauds et de vipères à jeun depuis plusieurs générations. Vous êtes sur un pont formé de deux poutres, dont l'une représentera, si l'on veut, mon cuisinier, l'autre, le reste de mon personnel; arrivé au milieu du trajet, vous sentez tout à coup que les poutres se disjoignent, qu'elles vont se séparer, et que vous allez glisser entre elles dans l'abîme béant. Essayer de rapprocher mes gens par le raisonnement me semble aussi impossible que vous jugeriez superflu de faire de l'éloquence pour persuader aux deux poutres en question de se rejoindre.

Mon palefrenier n'entend que le chinois, que moi je sais fort peu. Mon valet de chambre s'est bien donné pour parler français, et le cuisinier comme possédant l'anglais; mais c'est tout au plus si le premier me comprend quand je lui demande mes pantoufles, et pour faire savoir au second que je désire dîner à sept heures, j'en suis réduit à lui indiquer l'heure sur ma montre.

Dès que j'aborde avec eux des questions d'un ordre plus relevé, ils me répondent invariablement par les mots *ouo-pou-tong-té,* qui signifient en chinois : Je ne comprends pas. Je les fais pourtant venir, et, le danger me rendant éloquent, je me mets à les haranguer, tour à tour en chinois, en français et en anglais. Mes trois interlocuteurs me répondent chacun dans la langue qu'il a adoptée; les deux derniers, bien persuadés qu'ils me parlent anglais et français, comme moi-même je crois leur parler chinois. La vérité, c'est que nous ne nous comprenions ni les uns ni les autres; je n'en réfutai pas moins victorieusement leurs arguments.

Enfin, je crus comprendre que le cuisinier refusait aux plaignants non-seulement ses talents, mais même l'usage des provisions destinées à tous, d'après mes ordres.

Mes raisonnements étaient de moins en moins entendus; je voyais l'abîme s'entr'ouvrir sous mes pieds, et me sentais livré sans défense à ces affamés, prêts à me dévorer moi-même, faute de mieux.

J'eus un éclair de génie qui me sauva. J'avisai

une couverture suspecte, qui me paraissait cacher dans ses replis mystérieux des matières propres à la nourriture d'un Chinois. Incontinent, je la fais déployer d'autorité, et, m'emparant d'un sac de farine que j'y découvre, je le remets moi-même entre les mains des parties. Leurs figures, jusque-là soucieuses, se dérident aussitôt. Dieu seul et un Chinois connaissent toutes les ressources culinaires qu'offre un sac de farine. Si au moins la colle qu'ils vont se mettre sur l'estomac pouvait désormais les empêcher de se désunir, j'y trouverais mon compte.

Kiè-tai-tse est assez élevé pour jouir d'une belle vue : il ne l'est pas au point de décourager les pieux visiteurs. On arrive à la porte principale, qui d'ailleurs n'a rien de remarquable, en suivant un petit chemin presque uniquement fréquenté par les ânes ou les chameaux qui vont dans la montagne chercher le charbon.

Les bâtiments s'étagent sur cinq terrasses superposées. La première est formée d'une cour ornée de piliers de marbre de trois ou quatre mètres de haut, qui reposent sur des tortues et sont couverts d'inscriptions en mandchou et en chinois, comme dans tous les monuments impériaux. Derrière s'étend une seconde cour à peu près semblable, qui, se prolongeant sur le flanc de la montagne par une galerie en corniche, mène à la grosse cloche. Celle-ci a deux mètres de haut. Placée à une extrémité du temple, dans une sorte d'échauguette ouverte qui surplombe au-dessus de la vallée, elle se fait entendre de fort loin. Comme toutes les cloches de Chine, elle est dépourvue de battant intérieur : c'est un vieux bonze qui de temps en temps la fait gémir sous les coups d'une sorte de bélier en bois suspendu à côté et qu'il tire avec une corde.

Chacune de ces cours est entourée de chapelles remplies d'idoles. Dans la seconde, se trouve le logement du procureur, le cerbère qui ne voulait pas d'abord me recevoir et qui m'a extorqué mes vingt piastres. Un peu plus loin, un passage mène à ce que l'on appellerait, en termes de couvent, la communauté. C'est une grande salle où couchent les bonzes ordinaires du temple. Au fond de cette cour, un pavillon à angles relevés, comme ceux qu'on voit dessinés sur tous les éventails, se dresse avec son double toit sur une estrade de pierre formant perron. L'intérieur renferme trois grandes idoles de cinq ou six mètres de haut, presque entièrement dorées et appliquées contre une espèce d'auréole également dorée. Les Chinois donnent à leurs bouddhas les formes et les attitudes les plus variées ; mais ils sont le plus ordinairement accroupis, les mains jointes l'une sur l'autre au-dessus des genoux, la paume tournée en l'air, de manière à former cuvette, les deux pouces séparés des autres doigts et se touchant.

Quelquefois, une pierre précieuse ou un simple morceau de verre de couleur se trouve incrusté dans le front. Quelques-unes de ces statues sont aussi ornées d'une écharpe de soie jaune ou verte passée en sautoir.

Derrière ce premier pavillon, de larges escaliers en marbre, avec des rampes sculptées, conduisent à une seconde terrasse de trois cents pas de long, fermée par une balustrade en pierre découpée à jour.

Cette terrasse est dallée, sauf sur de petits carrés ménagés pour laisser passer les énormes troncs de pins centenaires aux branches capricieusement contournées.

Au milieu s'élève un pavillon à deux étages, dont le rez-de-chaussée est affecté à une grande chapelle de plus de trente mètres de côté; le plafond, supporté par huit colonnes laquées en rouge, de dix mètres de haut, est formé de compartiments de bois, au centre desquels sont sculptés des dragons dorés.

Au fond, se trouve l'idole principale, qui repose sur une espèce d'artichaut. Elle mesure, avec le socle, cinq à six mètres de haut; dix-huit statues d'un tiers plus petites sont rangées à droite et à gauche, le long des murs, sur une banquette à hauteur d'appui.

C'est dans ce pavillon que les bonzes prennent leur repas en public. Il s'y trouve pour cet usage des tables et des bancs dont la disposition est tout à fait celle des réfectoires de nos colléges. Le couvert de chacun se compose d'une soucoupe, de deux bols et de bâtonnets d'ébène. Les bonzes arrivent en ordre dans la salle, se rangent le long des tables, et, avant de commencer leur repas, psalmodient le *Benedicite* pendant vingt minutes, debout, les mains jointes. Le chant est accompagné sur des coupes de bronze dont la dimension varie de vingt à quarante centimètres, et que l'on fait résonner à l'aide d'un bâton court; on frappe aussi avec une espèce de baguette de tambour sur un grelot de bois creux. Les bonzes mangent en silence et sans distraction; on croirait assister à un dîner de jeunes séminaristes. Leur nourriture se compose de riz et de pâtes analogues au macaroni.

En suivant la terrasse, on arrive à ce qui représenterait, dans nos anciens couvents, le palais abbatial, c'est-à-dire la demeure du chef des bonzes, auquel nous donnerons le titre d'abbé.

C'est une charmante maison chinoise : elle occupe le fond d'une jolie petite cour carrée. Les deux ailes qui forment les côtés de droite et de gauche de cette petite cour, sont habitées par les bonzes qui viennent au second et au troisième rang dans la hiérarchie. Le plan est celui de toutes les maisons chinoises, avec cette différence que chez les particuliers laïques les ailes sont habitées par les femmes ou par les domestiques.

La petite cour de l'abbatial est fort coquette, mais n'a pas la moindre vue sur l'extérieur. Les

Chinois n'aiment pas à laisser voir ce qui se passe chez eux; à cet égard, leurs maisons ressemblent à celles des autres Orientaux. Outre deux énormes pins qui ombragent presque toute la cour de l'abbé, on y voit un grand nombre de pots de fleurs, et, au milieu, une immense cuve de porcelaine pleine d'eau, d'où s'élèvent de grandes feuilles de lotus et de nénufar, et où nagent de petits poissons rouges.

Les trois ailes n'ont qu'un rez-de-chaussée, dont les façades sont formées par une fine et élégante boiserie encadrant de larges carreaux de verre.

L'abbé du couvent m'a invité à entrer chez lui, mais ne m'a pas offert de thé, tandis que le procureur, qui est à la porte, ne manque jamais, quand se présente un étranger de distinction, de lui en faire apporter, et d'excellent.

Les choses se passent à peu près comme dans un couvent européen, où le Père, chargé des relations avec le monde, peut avoir chez lui un fauteuil mieux rembourré, et même quelques douceurs à offrir aux visiteurs.

Le mobilier de mon Père supérieur n'a rien d'ascétique; la chambre est très-bien ornée.

Tous les bibelots de valeur sont des objets de piété : idoles en jade, chandeliers et vases à brûler les bâtonnets d'encens, etc.; j'y ai vu deux encensoirs en cloisonné ancien, très-beaux, bien que l'émail en fût un peu terne; la forme et les chaînes rappelaient tout à fait ceux de nos églises.

Les siéges et tables sont en bois noir, sculpté avec l'art minutieux que possèdent les Chinois.

Le logement se compose de trois pièces : une au centre, par laquelle on entre, et deux autres à droite et à gauche, qui sont un peu plus petites et ouvrent sur la première. Celle-ci est une sorte de salle du trône; il y a au milieu une estrade, avec une table sur laquelle se trouve une petite idole. Derrière est placé un immense fauteuil très-bien ouvragé. Quelques objets employés dans les grandes fêtes : des bannières, des lanternes, etc., sont emmagasinés là comme dans une sacristie.

La pièce de droite sert de chambre à coucher, et celle de gauche de boudoir. Toutes deux renferment des tables et des étagères pleines de jolies choses. J'ai cru reconnaître une de ces petites coupes dites clair de lune, dont on demande mille francs et plus dans les boutiques de bibelots à Pékin. On serait vraiment tenté de s'en servir pour donner la pâtée à un toutou, tant le mérite en est conventionnel et tant elles sont laides en réalité; leur valeur tient uniquement à ce que les plus modernes ont cinq ou six cents ans.

Il y avait aussi là une bibliothèque assez bien garnie : huit à dix mille volumes. Il y a toujours beaucoup de livres dans les temples, la plupart même ne possèdent pas d'autre trésor. Ce sont généralement d'antiques traductions des livres sacrés de l'Inde.

Presque tous les Chinois savent lire, ou tout au moins connaissent les caractères les plus usuels. La meilleure preuve en est dans les nombreuses affiches placées, ni plus ni moins qu'à Paris, en diagonale, pour mieux attirer l'attention; on en voit partout, même dans les plus petits villages. Il est vrai qu'elles annoncent presque toutes des remèdes qui guérissent soi-disant toutes sortes de maladies, et qu'elles sont généralement apposées par de purs charlatans; toutefois, ces frais de publicité montrent qu'on compte bien être lu.

La grande terrasse, la principale de Kiè-tai-tse, communique avec un dédale de cours dont quelques-unes sont à peu près abandonnées. Un grand pavillon avec sa galerie d'idoles s'élève au milieu. Tout autour règne une sorte de cloître ou corridor, dans lequel sont des idoles en terre modelées et peintes avec le plus grand soin.

Ces statues, au nombre de deux cent cinquante et une de chaque côté, et presque de grandeur naturelle, représentent des bonzes canonisés, en costume de cérémonie religieuse, assis ou accroupis, quelques-uns debout.

La cour est ornée de ces grandes pierres montées sur des tortues dont j'ai parlé plus haut; il y a aussi, à droite et à gauche des portes des chapelles, des lions en marbre et des vases en bronze, dans lesquels on achève de consumer les paquets de bâtonnets d'encens allumés par les fidèles. De grands escaliers conduisent à une terrasse supérieure, d'où l'on communique par un pont en bois avec le premier étage du pavillon principal. Là se trouve une grande idole debout, sans piédestal. Derrière elle, une autre, placée sur une sorte d'artichaut doré, surmonte une pyramide de briques ouvragées : le tout a un peu plus de quatre mètres de hauteur. Chaque feuille de l'artichaut (et il y en a douze ou quinze cents) porte une petite idole en bois, de treize à quatorze centimètres.

Les parois de cette chapelle sont garnies de compartiments, comme un colombier ; dans chacun s'étagent, trois par trois, d'autres idoles semblables, de vingt-cinq à trente centimètres de haut. Elles sont toutes accroupies sur un petit socle; il peut y en avoir huit cent cinquante à neuf cents de cette dimension et près de quinze cents de toutes petites. Le temple entier doit renfermer en tout trente-trois mille idoles de toute grandeur, de toute matière, bois, terre, bronze, dont beaucoup sont ornées de petites pierres brutes, grenats, cornalines, onyx, topazes claires; les plus grosses sont creuses, et renferment une petite boule d'or, une d'argent et un écheveau de soie, avec un rouleau de papier couvert de prières. Parmi ces statues, une douzaine ont quatre ou cinq mètres de hauteur, et autant de largeur à la base; un millier environ atteignent la taille d'un enfant de quinze ans ou au-dessus, les autres sont toutes petites; il y en a dans tous les coins.

Au-dessus du second étage de terrasses, il en existe encore un troisième, auquel on parvient également par des escaliers, mais les pavillons qui s'y trouvent sont moins beaux; il y a cependant quelques kiosques élégants, d'où l'on jouit surtout d'une vue magnifique sur l'ensemble de l'édifice.

Dans un temple qui n'est pas très-éloigné de Kiè-tai-tse, et que l'on nomme Ho-long-t'an, c'est-à-dire temple du Dragon noir, il y a un moins grand nombre de pavillons, mais de belles eaux dans de vastes réservoirs, d'où elles coulent de terrasse en terrasse, en formant des bassins entourés de balustrades et ombragés de saules pleureurs; au bord se trouvent les chambres d'hôtes, de sorte que l'on peut, en été, prendre un bain en sortant de chez soi. Ce temple, ou plutôt le Dragon noir en l'honneur duquel il est érigé, a la spécialité d'attirer la pluie. Quand la sécheresse est trop grande, l'empereur s'y rend en personne, ou bien il y envoie un représentant, choisi parmi les personnages les plus considérables. De mémoire d'homme, on ne se rappelle pas que le Dragon noir ait été invoqué en vain ; la pluie en pareil cas est toujours venue... tôt ou tard.

J'ai eu, pendant mon séjour à Kiè-tai-tse, la bonne fortune d'assister à un office nocturne des bonzes. Un soir, vers huit heures, mon attention fut attirée par un bruit de cymbales, de clochettes et d'autres instruments, tous plus inconnus les uns que les autres en Europe.

C'était une procession qui se dirigeait vers une des principales salles, celle qui se trouve à l'étage où j'habite.

En tête du cortége marchait un bonze, qui paraissait diriger la cérémonie. Tous portaient leur costume ordinaire, c'est-à-dire une robe brune croisée sur la poitrine et un manteau jaune rattaché sur l'épaule gauche en passant sous le bras droit, qu'il laisse libre de ses mouvements. Ce manteau est retenu par une agrafe en bronze de la forme d'un sceptre. Les Chinois regardent ce signe cabalistique comme un emblème de félicitation : il est surtout employé dans les cérémonies du mariage.

Le manteau du premier bonze, celui qui officiait, avait une teinte un peu différente de celle des autres, et présentait tout à fait la coupe d'une chape.

Derrière lui marchaient quatorze bonzes, les mains jointes, et dans l'attitude la plus recueillie : c'est ainsi qu'ils sont toujours, du reste.

La salle était éclairée pour la circonstance par une dizaine de gros cierges et une espèce d'arbre formant lustre, placé devant la grande idole du fond, et chargé de trente ou quarante lampions. Les bonzes, en entrant, se placèrent sur deux rangs, l'un en face de l'autre, le principal au milieu, portant une sorte de bougeoir à la main. Ils chantèrent des psaumes pendant une demi-heure, de leur ton nasillard. Ils s'accompagnaient en frappant sur leurs instruments ordinaires : des cymbales, un grelot en bois creux, un petit gong ou disque en cuivre, un timbre de bronze qu'on fait résonner au moyen d'une tringle de fer, etc.

Leur psalmodie n'est vraiment pas trop désagréable : elle rappelle notre plain-chant.

Au bout d'une demi-heure, le bonze officiant monta sur une estrade placée au pied de la grosse idole du fond, et s'installa, en faisant face au public, à une table, autour de laquelle vinrent se ranger six autres bonzes. Tous continuèrent à chanter en chœur.

Jusque-là, l'assistance, qui était nombreuse, et composée de tous les Chinois présents à Kiètai-tse, s'était tenue dans la pagode, sans avoir l'air de prêter une grande attention à ce qui se passait; ils fumaient leurs longues pipes à petits fourneaux de cuivre et causaient entre eux.

Quelques-uns m'entouraient pour considérer ma barbe, pour entendre sonner ma montre, ou simplement pour examiner de tout près un diable d'Occident; mais, à ce moment de la cérémonie, ils allèrent tous faire trois génuflexions devant l'autel, où était le bonze officiant.

Ils se présentaient l'un après l'autre, et, prenant un paquet de bâtonnets d'encens enflammés, qu'un bonze leur offrait, ils l'élevaient avec les deux mains à la hauteur du front, et le lui rendaient; enfin, ils se prosternaient trois fois de suite la face contre terre, sur un coussin, et déposaient en se relevant quelques sapèques dans un plateau qui semblait les y inviter.

Huit ou dix femmes vinrent aussi faire leurs génuflexions; seulement, comme leurs pieds lilliputiens leur feraient sans doute perdre l'équilibre, elles se contentent de porter le paquet de bâtonnets à leur front, et le rendent au bonze sans faire les trois prosternations. Les paquets de bâtonnets sont ensuite portés, encore tout enflammés, dans les grands brûle-parfums en bronze placés à l'entrée de chaque chapelle. C'est là qu'ils achèvent de se consumer.

Cette cérémonie terminée, les assistants se retirèrent peu à peu.

Un petit Chinois, dont j'avais fait la connaissance et admiré les beaux ongles, m'amena un de ses amis, qui en avait un au petit doigt plus long d'un demi-centimètre que mon propre index, et tous les autres à l'avenant. Toutes les femmes de distinction portent des ongles de cette dimension; elles les mettent, pour les mieux préserver, dans des étuis d'argent ou d'or.

L'assistance une fois sortie, les chants n'en allèrent pas moins leur train. A un certain moment, le bonze officiant prit un diadème de plaques de carton avec des images d'idoles brodées, et le posa sur sa tête; il s'assura qu'il était bien ajusté, au moyen d'une petite glace qu'il tira subrepticement de dessous son missel, et se mit ensuite à exécuter toutes sortes de mouvements bizarres avec les mains, les joignant, les séparant, les faisant tourner, les entrelaçant, etc., etc. Il avait, du reste, des mains très-soignées, de vraies mains d'abbé.

Tous les autres, excepté ceux qui taquinent un instrument quelconque, ont les mains jointes à la façon des vierges du Pérugin, les yeux baissés, et l'air le plus édifiant; ils ne se dérangent que pour humer de temps en temps une goutte de thé dans la tasse qu'un bonze novice ou convers entretient toujours pleine devant eux.

La musique et les chants continuèrent ainsi jusqu'à une heure du matin, après quoi les bonzes rentrèrent dans la communauté dans le même ordre qu'ils étaient venus.

Quelquefois, les pèlerins font leurs dévotions isolément : j'en ai vu souvent venir devant une des grandes idoles du pavillon principal; là, ils font trois génuflexions, pendant qu'un bonze frappe lentement sur une cloche en bronze posée sur un coussin; pour le payer de sa peine, le bonhomme jette quelques sapèques dans un plat sur l'autel.

J'ai assisté encore, pendant mon séjour, à plusieurs offices, à un, en particulier, auquel prenaient part les principaux religieux du couvent. L'officiant n'était autre que mon procureur avare, suivi de trente ou quarante bonzes.

Ils commencèrent par tourner en procession autour de la salle du bas, ils psalmodiaient en s'accompagnant sur les petits instruments, et, en outre, sur un énorme tambour d'un mètre et demi de diamètre, monté sur un chevalet, et enfin sur un gros grelot en bois d'un demi-mètre de grosseur; ensuite tous prirent place devant des coussins pour faire leurs génuflexions au signal donné par un coup de tringle de fer sur un timbre de bronze.

Au bout d'une heure ils allèrent encore chanter devant une petite chapelle située dans la cour, en faisant continuellement et presque à chaque pas des prosternations à l'appel du timbre.

Outre ces sortes d'offices, qui sont très-fréquents, tous les jours les bonzes s'exercent à chanter, soit chez eux, dans leur salle commune, soit chez le procureur. L'appartement de ce dernier est orné d'une belle idole, devant laquelle brûle une lampe et sont placées des soucoupes, remplies de pain, de fritures, de fruits, de morceaux de bois de santal, enfin de tout ce qu'on suppose devoir lui être agréable.

Il règne parmi les bonzes une discipline des plus sévères; l'*in pace* est remplacé par le bambou, que le supérieur peut faire administrer sur les reins de ses moines; on l'emploie aussi quelquefois à l'égard des novices dont la vocation a besoin d'être renforcée.

IV.

LES HOTELS EN CHINE ET LES MOYENS DE CIRCULATION.

M. Meignan dit, en terminant le récit de son exploration de la Sibérie, qu'il n'a écrit son livre que pour détourner ses lecteurs de faire le même voyage. Pour moi, j'avouerai, au contraire, que j'aime la Chine, je conseillerai de la visiter, et je veux donner ici quelques renseignements sur les divers moyens de communication en usage dans ces pays lointains et les facilités que peut y trouver le voyageur pour se loger.

Les Chinois eux-mêmes voyagent beaucoup. Les mandarins d'une ville étant le plus souvent originaires de provinces éloignées, leurs changements sont l'occasion d'allées et venues très-nombreuses. Les négociants sont aussi obligés à de fréquents déplacements.

Comme le gouvernement ne se charge pas

du service de la poste, les particuliers, pour porter leur correspondance, ont recours à des exprès. De plus, les marchands, comme cela se pratiquait au moyen âge, ne s'en fient guère à d'autres qu'à eux-mêmes du soin d'accompagner leurs cargaisons. Pour héberger tous ces gens hors de chez eux, il existe de nombreuses hôtelleries. En outre, les habitants de chaque province ont, dans les principales villes de l'Empire où les appellent habituellement leurs affaires, ou dans lesquelles ils résident en grand nombre, des lieux de réunion particuliers, qui tiennent le milieu entre le club et le temple : les nouveaux venus y trouvent, outre le logement, des compatriotes et un centre de nouvelles et de renseignements.

A la vérité, il faut bien un peu montrer patte blanche pour être accueilli dans ces établissements d'un caractère tout privé ; mais le ballotage y est inconnu, tout notable commerçant venant de la province est sûr d'y être admis et d'y trouver des répondants. Les pauvres diables de même origine, que le hasard a poussés loin de chez eux, peuvent aussi en attendre quelques secours. Les mandarins d'un certain rang sont reçus en voyage soit chez leurs collègues, soit dans les temples, que les villes sont tenues de mettre à leur disposition.

En Chine, comme partout ailleurs, les hôtels peuvent servir de critérium pour apprécier le degré de civilisation du pays. On doit en effet se garder de toute illusion sur la prospérité générale d'un peuple, quand on n'en a pour preuve que le luxe de quelques maisons particulières, où l'existence la plus brillante et la plus raffinée est si souvent voisine d'une profonde misère et d'un état social très-inférieur. L'importance des établissements destinés au public, le grand nombre de gens qui en peuvent profiter, sont assurément le meilleur symptôme de la richesse et de la prospérité matérielle d'une nation. Par exemple, dans la poétique Espagne et dans une partie de l'Italie du Sud, pays évidemment en retard sur le reste de l'Europe, les hôtels sont détestables, et il est impossible d'y séjourner : on a peine à traverser ces contrées, si l'on n'est pas muni de lettres de recommandation pour des particuliers et si l'on n'a recours à leur hospitalité. Chez les sauvages, il y a absence complète d'hôtelleries;

au contraire, dans les pays les plus civilisés, comme l'Angleterre et quelques parties de l'Allemagne et de la France, le voyageur, même inconnu, se trouvera tout aussi bien à l'hôtel que chez lui, il lui sera même possible d'y satisfaire toutes ses fantaisies; aux États-Unis, il en fera son séjour habituel.

En Chine, il faut qu'une ville soit bien petite et bien éloignée de toute voie de communication pour n'avoir pas d'hôtels. Ils sont naturellement distribués et organisés sur le plan des maisons du pays. Dans les plus considérables, les appartements d'importance ont chacun leur petite cour, dont ils occupent tout un côté. Dans les plus modestes, les chambres donnent sur une grande cour centrale destinée aux équipages.

Le mobilier des chambres de premier ordre se compose de tables, avec chaises ou fauteuils; le voyageur apporte toujours son lit. Le coucher des Chinois est d'ailleurs réduit à sa plus simple expression; les plus grands sybarites parmi eux se contentent, en route, d'une couverture ouatée de coton, ou même de nattes qui dans le Midi sont étalées sur des planches, en été comme en hiver, et dans le Nord, étendues sur le fourneau en briques; c'est une espèce de poêle russe, sous lequel on entretient du dehors un feu doux, à l'aide de mottes de charbon en poudre pétri avec de la terre et brûlant lentement.

L'hôtel, en principe, est un restaurant; mais s'il y a bien peu de ressources dans le garde-manger, les voyageurs ont les fourneaux à leur disposition pour y faire cuire ce qu'ils apportent; quelquefois, pourtant, on peut tomber sur un hôtelier qui offre un menu acceptable. Quant aux chevaux, ils y trouvent, eux, le vivre et le couvert.

Les restaurants proprement dits sont encore plus nombreux que les hôtels; un chapitre spécial leur sera consacré.

Les Chinois voyageant avec tant de facilité, on comprend que les moyens de transport ne manquent pas chez eux. Ils diffèrent du nord au midi de ce vaste empire. La région méridionale est sillonnée de fleuves et de canaux; aussi les transports s'y font-ils presque toujours par eau. Dans le Nord, les fleuves sont beaucoup moins nombreux. Les grandes jonques dans lesquelles voyagent les hauts mandarins sont de vraies maisons flottantes. Elles ont jusqu'à vingt-cinq mètres de long. La construction en planches qui s'élève sur le pont est divisée en plusieurs compartiments, avec de jolies fenêtres en boiseries découpées. L'arrière sert à la fois de cuisine et d'habitation aux gens du bateau; les domestiques sont installés au centre, et l'Excellence se tient dans la première chambre ou sur la plate-forme découverte en avant du bateau.

C'est sur cette dernière que sont placées les grosses lanternes et les écriteaux destinés à faire connaître au public les titres et qualités du voyageur. On les inscrit quelquefois jusque sur les voiles : car tous les bateaux en ont sur ces fleuves, qui serpentent au milieu de vastes plaines, et où le vent acquiert une grande force.

Toutes les jonques n'ont pas d'aussi grandes dimensions, mais la disposition est constamment la même ; tout autour règne un petit chemin où courent les hommes de l'équipage, l'épaule appuyée sur une gaffe, avec laquelle ils poussent le fond de l'eau, afin de faire avancer leur esquif.

Quand la nature des bords le permet, tout l'équipage s'attelle et le tire à la cordelle, en entrant quelquefois dans l'eau jusqu'au cou.

Lorsque le fleuve est trop profond, on fait usage de godilles ; ce sont des rames coudées, placées à l'arrière, dans l'axe du bateau ; elles sont en équilibre sur un pivot et retenues par une corde attachée au bout qui ne plonge pas dans l'eau ; un, deux ou même trois hommes leur impriment un mouvement de va-et-vient qui fait marcher le bateau avec une grande rapidité. Au Japon, on les dispose quelquefois le long des flancs, sur de petites poutrelles qui dépassent le bordage et sur lesquelles s'installent les rameurs.

Il est difficile, sans un dessin, de bien faire comprendre cette disposition ; on se rendrait peut-être compte, en l'étudiant, de la construction des anciennes trirèmes grecques et romaines, qui n'a jamais été bien expliquée. Ce n'est pas d'ailleurs le seul détail des mœurs et usages de la plus haute antiquité qu'éclaircirait la connaissance de ce qui se fait encore en Chine aujourd'hui.

Pour le transport de la correspondance, on se sert de toutes petites jonques, de forme très-effilée. Un seul homme, placé à l'arrière, fait manœuvrer deux avirons, celui de tribord avec les mains, celui de bâbord avec les pieds.

Ces bateaux peuvent se glisser partout et marchent avec beaucoup de rapidité, qualité que n'ont pas les plus grands. Avec ceux-ci, on ne doit pas être pressé; ils ne voyagent pas volontiers la nuit; il faut beaucoup d'énergie pour empêcher l'équipage de s'installer dès le coucher du soleil le long du bord, et y attendre à l'ancre que l'astre reparaisse à l'horizon; souvent même on n'y réussit pas.

Dans les parties du Sud où il n'y a ni cours d'eau ni canaux, on voyage presque toujours en chaises à porteurs; cela se fait aussi quelquefois dans le Nord, mais plus souvent on y va en voiture ou à cheval. Ces chaises sont de différentes sortes : les plus simples et les plus légères, à deux porteurs, en bambous naturels; les plus confortables, à quatre, huit ou même seize porteurs, recouvertes de drap. Ces dernières sont beaucoup plus larges, et l'on y est assez à l'aise.

La couleur du drap est réglée officiellement: les mandarins d'un rang inférieur n'ont droit qu'à des chaises de drap bleu; ceux du rang le plus élevé en ont de vertes, et l'Empereur en possède une jaune : celle qui sert dans les cérémonies du mariage à transporter la fiancée au domicile conjugal est rouge.

A Pékin, et dans toute la province de Pé-tchi-li, cette réglementation est très-sévère; seuls les plus puissants mandarins, les vice-rois, les ministres, les membres de l'Académie et autres grands manitous qui forment le personnel du gouvernement, peuvent se servir de chaises vertes; la chaise bleue est elle-même réservée à un petit nombre de mandarins d'un grade déjà assez élevé. Aussi rencontre-t-on très-rarement de ces chaises, et lors des visites officielles seulement. Quand les grands personnages ont à se déplacer aux environs de Pékin, ils voyagent plus volontiers en voiture.

Dans le Nord, les chemins tenant lieu de canaux, les voitures remplacent aussi les bateaux. Elles sont toutes construites sur un type unique. La Chine, le pays classique de la réglementation, a depuis longtemps réalisé l'idéal auquel on est à peine arrivé dans l'artillerie et dans les équipages militaires, celui de l'unité parfaite de modèle pour les roues et les autres parties du matériel.

Toutes ces voitures se composent invariablement d'un brancard qui repose sur l'essieu et sur lequel est placée une plate-forme recouverte d'un petit abri; celui-ci, dans les voitures particulières, est souvent très-coquettement garni de coussins et de rideaux de soie.

Les grands mandarins ont le privilége de pouvoir placer les roues en arrière de la caisse, à une distance qui varie d'après leur dignité. Le maximum du confortable pour le voyageur est alors de s'asseoir dans l'espace interméméiaire, entre les roues et la sellette qui supporte l'extrémité du brancard sur le dos du cheval; les brancards arrivent à former ressort, et l'on n'est pas trop cahoté. Autrement, on est très-secoué dans ces véhicules, et il faut beaucoup de temps pour prendre l'habitude de s'y tenir.

A Pékin, on trouve des voitures à louer, soit à l'heure, soit à la course, absolument comme des fiacres à Paris; il est même probable que cet usage a existé là longtemps avant de se répandre chez nous.

Dans toutes ces voitures, lorsque le cocher ne marche pas à côté du cheval, il s'assied sur le brancard de gauche, comme dans l'ancien corricolo napolitain.

Dans le nord de la Chine, on se sert encore assez souvent de grandes chaises, que l'on fait porter par deux chevaux ou mulets attelés l'un devant, l'autre derrière; on va lentement, parce que les animaux sont gênés, mais on peut se coucher, et ce n'est pas trop fatigant.

Je ne parlerai que pour mémoire de la brouette, très-employée pourtant dans les plaines du Sud et du Centre. Quand il y a un peu de brise, on y ajuste une voile, et un seul homme peut ainsi rouler un poids considérable. Ces véhicules ne ressemblent pas à celui qu'a inventé Pascal; la roue a un mètre cinquante de haut, le fardeau se place de chaque côté de l'essieu, de façon à faire à peu près équilibre, de droite à gauche, et d'avant en arrière.

Dans tout le Nord, depuis Han-keou, sur le fleuve Bleu, et depuis Tien-tsin sur le golfe du Pe-tchi-li, jusqu'en Mongolie, les grands transports sont faits par de longues caravanes de chameaux. L'hiver rend ces animaux magnifiques, avec la superbe fourrure qui recouvre leurs jambes et leur cou, et forme une houppette sur leur gros front. Ce sont des chameaux à deux bosses, comme ceux qui vivent à l'est de la Perse, où les deux races paraissent coexister. On peut leur faire porter environ trois cents kilogrammes. Ils sont toujours conduits par des Mongols, à la robe jaune et au bonnet de martre. On les attache par un anneau passé dans le nez. Ils ne vivent pas en très-bonne intelligence avec les chevaux; en route, leurs convois s'arrêtent dans des auberges spécialement à leur usage, qui se reconnaissent à l'élévation de la porte par laquelle on pénètre dans la cour.

V.

UN DINER CHINOIS.

Les Chinois ont sur la vie de famille et sur l'organisation de leur intérieur des idées plus larges que les musulmans, mais qui ne comportent cependant pas encore l'admission des femmes dans la société des hommes.

En dehors de certaines circonstances marquées par les rites, entre autres les mariages et les enterrements, qui sont toujours accompagnés de grands festins, il est rare que les Chinois reçoivent chez eux d'autres personnes que leurs plus proches parents. Dans tous les cas, les femmes se traitent toujours entre elles, dans leurs appartements, et les hommes aussi entre eux dans les leurs.

Il n'y a donc jamais en Chine de réception dans les maisons particulières. Quelquefois seulement, les très-grands personnages, à qui leur haute situation interdit l'entrée des théâtres publics, font venir des acteurs dans leurs palais et y donnent des représentations, auxquelles ils convient leurs amis et leurs domestiques. Mais cela ne se fait guère qu'entre mandarins. Les lois leur défendent, en effet, la fréquentation de tous les lieux de plaisir situés dans la circonscription qu'ils gouvernent, et cela pour sauvegarder leur dignité. C'est pour la même raison qu'ils sont toujours envoyés loin du lieu de leur naissance, et qu'il ne leur est pas permis de prendre femme parmi leurs administrées; on veut par là assurer leur indépendance et leur équité. La vie intérieure étant ainsi organisée, c'est au restaurant que les Chinois se traitent lorsqu'ils ont une politesse à se faire.

Les restaurants sont aussi nombreux en Chine que les marchands de vin aux barrières de Paris; restaurants en plein vent, restaurants ambulants, restaurants en bateaux (ceux-ci prennent quelquefois le nom de bateaux de fleurs), restaurants à terre, il y en a de toutes les sortes. Quelques-uns sont formés d'une simple cage en bambou, si légère que le patron, se plaçant au milieu, met une des poutres de l'établissement sur son épaule et l'emporte à travers les rues, en criant par la fenêtre ses sauces et ses ragoûts.

Dans cette disposition du restaurant réduit à sa plus simple expression, le fourneau d'un côté et le garde-manger de l'autre ressemblent aux deux plateaux d'une balance qui reposerait sur les épaules du propriétaire. Les moindres villes, les campagnes mêmes, sont envahies par ces industriels dont le produit principal consiste en fritures de toute espèce.

Il y a aussi de grandes maisons, avec de nombreux cabinets particuliers. Ceux-ci ont vue sur des jardinets remplis de rocaille, ornés de vases en porcelaine et peuplés de ces arbres nains auxquels les Chinois savent si habilement donner, par une taille savante, les formes les plus bizarres. Plus l'arbre, abandonné à lui-même, est beau et imposant à l'état naturel, plus le Chinois est heureux et paraît l'apprécier, lorsqu'il parvient à le faire pousser dans un petit pot de fleur et à le réduire aux proportions d'un fuchsia ou d'un géranium. Le bambou même, si élégant avec le jet vigoureux de sa tige élancée, ne sera jugé digne de figurer dans un jardin d'importance que s'il est contourné de la façon la plus grotesque. On arrive même parfois à lui faire représenter un des caractères les plus compliqués de l'infernale écriture chinoise, celui qui signifie bonheur. On le place alors un peu en arrière de la porte d'entrée pour souhaiter la bienvenue aux visiteurs. C'est ainsi qu'autrefois les Romains y inscrivaient le mot Salve. Nous autres, barbares profanes, nous éprouvons plutôt un sentiment pénible en face d'une nature ainsi torturée, en voyant ces arbres qui, à leurs troncs moussus, paraissent être des vieillards, et sont maintenus dans cet état d'enfance souffrante et étiolée; ils font l'effet de nains bossus, dotés, par-dessus le marché, d'une troisième jambe ou d'une oreille plantée sur la joue.

Ce n'est pas du reste la nature seule qui est contournée. Pour pénétrer dans le jardin ou pour passer d'un jardin dans l'autre, il faut franchir des portes taillées en cercle, en losange, en pointe ou en cœur, de toutes les figures enfin, excepté celle du simple carré comme chez nous.

Mais essayons de suivre dans ces lieux de réception les différents moments d'un dîner indigène.

L'amphitryon est arrivé un peu en avance pour retenir une salle, prévenir le maître de l'établissement et recevoir ses hôtes. Quand on annonce ceux-ci, il se précipite à leur rencontre, et, exécutant toutes les courbettes indiquées par les rites, les introduit dans le cabinet qui leur est réservé.

Ce cabinet ressemble à toutes les pièces chinoises; le plafond et trois des côtés sont tapissés d'un papier à petits dessins satinés sur fond mat. Le quatrième donne sur le jardin, où l'on descend par deux ou trois marches; il est formé d'un treillage en bois recouvert de papier assez transparent pour donner du jour à l'appartement, et qui s'élève au-dessus d'un petit mur à hauteur d'appui; au milieu, se trouve la porte principale; le service se fait par une autre qui s'ouvre sur l'un des côtés. Il y a presque toujours, suspendu en face de l'entrée sur le jardin, quelque objet d'art, ou bien des dessins, ou des sentences en beaux caractères noirs ou dorés.

Au milieu est dressée la table : le dessus tourne quelquefois sur un pivot pour faire passer les mets à la ronde; si l'on n'est que quatre, elle est carrée.

Dans un angle sont disposés des confitures et des fruits, destinés à mettre en appétit les convives; mais pour cela on compte surtout sur les graines de pastèques. Le Chinois en fait une consommation effrayante. Il s'amuse à les ouvrir, et elles lui servent de passe-temps plus encore que d'aliment.

Lorsque l'amphitryon juge qu'on a suffisamment grignoté, il prie le personnage le plus considérable de la société de vouloir bien s'asseoir à la place d'honneur; c'est la plus éloignée de la porte. Celui-ci n'a garde de céder immédiatement à l'invitation qu'on lui fait; il s'en défend longtemps avec confusion; on le prie, on le supplie; les instances et la résistance croissent en proportion, jusqu'à ce que, vaincu, il prenne enfin cette fameuse place du fond, réputée, par une singulière fiction, la plus honorable : c'est qu'elle est censée faire pénétrer plus avant dans la maison, qui représente celle de l'hôte, ce même convive, que les usages chinois ne lui permettraient cependant pas d'admettre dans son intérieur. Mais *paravent* et *contradiction*, ces mots pourraient être la devise du Céleste Empire.

La seconde place est à gauche de la première, la troisième à droite. On ne les accepte pas non plus sans quelques courbettes et protestations. Enfin, l'amphitryon se met à la dernière, la plus rapprochée de la porte. On s'assied, tout autour de la table laquée en rouge ou en noir, sur des tabourets carrés que recouvre un petit coussin : le tout assez dur, mais les Chinois n'ont pas sur le confortable les mêmes idées que nous.

Devant chaque personne se trouvent une ou deux assiettes de cinq à six centimètres de diamètre, une tasse de la dimension de celles où l'on prend le café en Orient, une paire de bâtonnets d'ivoire ou d'ébène, et quelques petits carrés de papier gris, destinés à remplacer les serviettes; on les jette par terre après s'en être servi.

On change rarement les assiettes; le plus simple pour un Européen, lorsqu'elles sont trop pleines, c'est d'envoyer le contenu rejoindre les morceaux de papier sous la table.

Le premier service se compose de hors-d'œuvre ou entrées, poissons secs, gelées, jeunes pousses de bambou, petits morceaux de viande accommodés secs ou à l'huile, œufs conservés dans la chaux et qui effrayent d'abord un peu par leur couleur noirâtre, ce qui n'empêche pas de les trouver fort bons, quand on a le courage d'y goûter. Le tout est servi dans de petits bols de porcelaine à pied, qui présentent en réduction la forme exacte de nos compotiers. Dans un très-grand dîner, il y a jusqu'à trente-deux entrées. Toute la porcelaine doit être assortie, et comme il peut y avoir dans un repas complet jusqu'à soixante ou quatre-vingts plats, qui tous sont servis dans un bol différent, on comprendra que le mobilier en porcelaine d'un restaurant chinois puisse rivaliser avec celui des nôtres. On ne retire pas les plats de dessus la table, on les empile les uns sur les autres, et l'on en forme de petits échafaudages. Les grands plats, c'est-à-dire les rôtis ou plutôt les viandes braisées, ainsi que les bouillis et potages, par lesquels se termine le dîner, sont seuls emportés.

Il est d'usage de demander aux invités s'ils ont quelque mets de prédilection, et rien n'est plus aimable de leur part que d'en indiquer chacun un différent. Ils savent d'ailleurs à qui ils ont affaire, et ne commettraient jamais l'indiscrétion de demander des nids d'hirondelle, ou quelque autre friandise de luxe, lorsque c'est un pauvre diable qui les reçoit.

Quand tout le monde est bien casé, l'amphitryon saisit avec ses deux bâtonnets ce qu'il aperçoit de meilleur, ou ce qu'il juge le plus propre à ouvrir le festin : il en offre lui-même à chacun de ses hôtes, en commençant par les plus distingués. Ceux-ci, en recevant cette politesse, se soulèvent légèrement sur leur chaise, en le conjurant de n'en rien faire; chaque convive se met alors à servir ceux de la société auxquels il veut être agréable. Le comble de la prévenance, c'est de prendre les morceaux dans le plat, de se les offrir mutuellement et même, entre intimes, de les fourrer soi-même dans la bouche de son voisin, qui s'empresse de vous rendre la pareille.

Au bout de quelque temps, lorsque ce beau zèle se ralentit un peu, l'amphitryon réunit ses deux poings, et, les agitant doucement, ce qui est une marque de déférence, prononce les deux mots : *Soui-pien*, dont le sens est : Chacun à son aise ! On se sert alors tranquillement soi-même, tout en continuant à causer très-bruyamment.

Le maître de céans donne ensuite l'exemple de boire, comme il a donné celui de manger. Il fait remplir les tasses par les domestiques, qui n'ont guère autre chose à faire, mais que ce service occupe beaucoup, car les tasses, étant très-petites, se vident d'un trait et fréquemment.

La boisson consiste dans une sorte d'eau-de-vie ou de bière de riz ; elle se sert chaude, dans de petites théières en métal. Quelques excentriques cependant la prennent froide. Il y en a toujours de deux ou trois qualités différentes, au choix de chacun. Ce vin de riz, que les Chinois boivent en mangeant, a un goût étrange auquel il faut s'habituer, mais assez bien approprié à leur cuisine en général. Il gagne beaucoup à vieillir dans les vases en grès qui servent à le conserver.

On dispose souvent en évidence, dans les restaurants, des pyramides de ces amphores, comme pour montrer aux chalands que la maison est bien approvisionnée de vins et n'en doit fournir que de très-vieux. Les Chinois ne prennent jamais de thé en mangeant, mais ils en abusent entre les repas; ils ne traitent pas une affaire, ne font pas une visite, que l'on n'apporte le thé et la pipe.

Après les entrées, apparaissent des plats plus substantiels. On sert souvent un poisson bouilli très-estimé, appelé Li-yu; il est toujours très-bien accommodé, et c'est un des mets qui flattent le plus nos palais européens, auxquels il rappelle la carpe à la Chambord. C'est à ce moment que se mangent les ailerons de requin, servis soit au bouillon, soit aux œufs brouillés; les crabes au vin de riz, les mousses marines, les olothuries, les nids d'hirondelle coupés par petites tranches et nageant dans un bouillon de poulet parfumé.

Il y a un plat qui m'a toujours beaucoup amusé : on apporte un grand bol de métal, avec un fourneau au centre, où sont quelques charbons ardents pour entretenir en ébullition l'eau qui s'y trouve. Cette eau est aromatisée et très-fortement épicée. On prend de tout petits morceaux de viande crue de faisan, de poulet, de pigeon, etc., qui sont servis à part sur des soucoupes, et chacun les plonge plus ou moins longtemps dans l'eau du bol pour les faire cuire à sa guise.

Au bout de quelque temps, le vin de riz commence à produire son effet, et la conversation s'anime. On entame alors les parties de mora. L'amour du Napolitain pour ce jeu n'est rien auprès de l'ardeur avec laquelle le Chinois s'y livre. Dans toute partie fine, c'est le divertissement obligé.

Ce jeu consiste, on le sait, à deviner le nombre que formeront ensemble les doigts ouverts simultanément par les deux partenaires. Chacun d'eux annonce en même temps, et au moment même où il ouvre les siens, le total qu'il croit devoir être formé par l'addition de tous les doigts ouverts; il ne faut pas attendre pour cela qu'on ait vu ceux de son adversaire, alors le coup serait nul. On comprend combien est nécessaire la précision des mouvements de la part des deux joueurs. Les Chinois sont admirables à voir dans cet exercice : leur large manche relevée jusqu'au-dessus du coude, ils lancent leur main en variant chaque fois les attitudes, pour mieux se tromper mutuellement, et ils crient leur chiffre, dont ils apprécient l'exactitude ou la fausseté avec une rapidité de coup d'œil vraiment surprenante. C'est, à ce moment, un feu roulant de lazzi et de plaisanteries qui s'entrecroisent; car tout le monde s'intéresse aux parties.

Les Chinois ont su rendre le jeu de la mora plus piquant que les Italiens. Au lieu d'annoncer tout simplement un nombre : cinq, sept, huit, ils y ajoutent une idée, et diront, par exemple : cinq chevaux, sept jeunes filles, huit lettrés, etc. La peine consiste pour le perdant à boire une tasse de vin de riz. Il s'en acquitte généralement de bonne grâce, et doit montrer à la ronde le fond de la tasse, pour prouver qu'il l'a bien vidée. Les Chinois aiment assez à boire, l'idée d'en faire une obligation et un sujet de plaisanterie est excellente; elle engendre chez eux beaucoup de gaieté et d'animation, et semble bien la meilleure manière de passer le temps pour des gens qui ne veulent pas se livrer aux conversations sérieuses. Si quelqu'un n'a plus soif ou a beaucoup perdu, c'est lui faire une politesse de l'engager à jouer encore, en lui proposant de boire à sa place, s'il vient à perdre de nouveau.

Ce jeu de la mora est une véritable passion pour les Chinois. Les chanteuses et les hétaïres qui y excellent sont les plus à la mode, car il faut dire que ces hommes, qui dans leur maisons ne permettraient jamais à leurs femmes et à leurs filles de manger avec eux, associent souvent à leurs parties des Chinoises de mœurs légères. Mais jamais une femme honnête ne consentirait à s'asseoir à la même table que des hommes. Chaque latitude, chaque pays règle ainsi les convenances d'une façon différente.

Les femmes de plaisir ne bornent pas leurs connaissances au jeu de la mora ; leur éducation, comme celle de la courtisane antique, est très-soignée. A l'époque où florissait la littérature chinoise, il n'était pas rare d'en trouver qui cultivaient les belles-lettres ; mais si, depuis, leur luxe n'a pas changé, je crois qu'au point de vue intellectuel elles sont, comme beaucoup de choses en Chine, un peu en décadence à l'heure actuelle.

Le dîner se termine par une série de grands plats, c'est-à-dire de potages servis dans de larges bols, où nagent toutes sortes de viandes ou de volailles cuites à l'étouffé, et rendues par ce moyen si tendres, qu'un Chinois un peu exercé arrive à très-bien découper un canard avec ses seuls bâtonnets. C'est à cette science, ainsi qu'à son talent pour la mora, que se reconnaît un viveur.

On sert dans ces plats, qui sont quelquefois au nombre de dix ou douze, des poulets, des oies, des canards, du mouton, des poitrines de cochon. Tout cela en général ne répugne pas trop à notre goût; on arrive même à le trouver bon.

Les Chinois ne mangent jamais de bœuf ni de veau; leurs principes religieux leur interdisent de tuer et de manger aucun animal utile à l'agriculture.

Quand les invités trouvent que le moment est venu de se retirer, ils demandent au maître de la maison de faire apporter le riz. Tous ces Chinois, qui, jusque-là, n'ont souvent fait que goûter du bout des lèvres aux produits d'une cuisine raffinée, parfois excellente et toujours assez chère, se mettent à se bourrer de riz à l'eau. Il est, à la vérité, d'un blanc admirable, bien entr'ouvert, ni trop cuit ni trop dur. C'est, en Chine, la base de la nourriture pour toutes les classes, autant au moins que le pain chez nous; seulement, au lieu de le prendre à faible dose durant tout le repas, ils le réservent tout entier pour la fin.

Sur une table étroite sont disposées des cuvettes d'eau chaude avec de petites serviettes, et tout le monde, en se levant, va se laver le front et la figure; c'est une pratique excellente, que je recommande à la suite d'un repas un peu copieux et animé.

Beaucoup de Chinois ont l'habitude, après le dîner, de fumer quelques pipes d'opium. On en trouve dans tous les restaurants. On prépare alors sur un divan une natte, avec un traversin de bambou pour appuyer la tête; on apporte la lampe, le petit pot qui contient la funeste décoction, et la pipe. Celle-ci se compose d'un tuyau de la dimension d'un flageolet ordinaire; à cinq centimètres du bout, il y a comme un champignon de métal creux, percé au centre d'un petit trou. On prend avec une aiguille la pâte d'opium, dont on met gros comme un pois sur le champignon, puis on l'allume à la lampe. L'opium brûle lentement, en se boursouflant et en produisant une fumée âcre que l'on aspire.

Quand tout est ainsi préparé, rien n'empêche

plus l'heureux Chinois de partir pour le pays des rêves enchantés, de la mort à courte échéance, ou de l'abrutissement absolu.

Quand on ne veut pas fumer, on fait avancer les chaises, et chacun rentre chez soi, à moins que la journée ou la soirée ne se termine au théâtre ou ailleurs.

VI.

UNE CHASSE AUX BORDS DU FLEUVE BLEU.

Pendant mon séjour à Shang-haï, j'eus l'occasion de faire à l'intérieur des terres une excursion dans laquelle je reçus une leçon de prudence, qui m'apprit la manière de se tirer d'un mauvais pas en Chine.

Un Anglais, résidant depuis longtemps dans le pays, Mr. Kane, cherchait un compagnon de chasse. J'entrai en rapport avec lui, et nous convînmes d'aller passer dix jours dans la région que traverse le grand canal, au sud de Nankin. Tout ce territoire avait été le théâtre des incursions des rebelles Taï-pings; les villages n'étaient encore, à cette époque, qu'en partie repeuplés, et les deux tiers des terres restaient incultes, faute de bras, circonstance très-favorable pour le gibier.

Nous partîmes donc pour Ching-kiang, la première étape sur le fleuve Bleu, où nous devions trouver le personnel et les batelets dont nous avions besoin.

Quelques amateurs de Shang-haï possèdent des yoles spécialement aménagées pour ces parties; on les envoie d'avance à Ching-kiang, où les chasseurs les vont rejoindre, à bord de ferryboats américains, semblables à ceux du Mississipi et du Potomac. Ces petites yoles, construites à l'européenne, bien que plus élégantes que les jonques dont nous devions nous servir, ne sont cependant guère plus confortables.

Le fleuve Bleu ou Yang-tze-kiang est une vraie mer jusqu'à Hang-kao, à six journées de son embouchure; il y a encore près d'un kilomètre de large.

Notre train comprenait trois bateaux : un pour chacun de nous, chiens et gens, et un affecté à la cuisine et à la salle à manger. L'équipage de ces jonques se compose de deux hommes, accompagnés quelquefois d'un enfant; elles ont environ dix mètres de long et deux de large; trois compartiments en planches recouvertes de nattes occupent le centre et se font suite. Nous les avions baptisées des noms illustres de la *Pinta*, la *Niña* et la *Santa-Maria*, nous élançant en émules de Christophe Colomb à la découverte d'un monde inconnu.

J'étais installé sur la *Pinta*, Kane sur la *Niña*, et la *Santa-Maria* nous servait de restaurant. Un cuisinier, loué à frais communs à Sang-haï, s'était muni de tout ce qui lui était nécessaire en fait de condiments, et nous comptions sur notre chasse pour nous procurer la partie solide de notre nourriture, les rôtis, voire même le bouillon. Nous avons souvent fait du bouillon de chevreuil : lorsqu'on a soin de choisir les plus gros morceaux, et d'y ajouter quelques épices, plus d'un fin gourmet ne le dédaignerait pas. Il en est de même du faisan, qui nous a fourni un petit consommé léger, mais fort agréable.

J'avais emmené mes deux boys de Pékin, le fashionable Ly et le vigoureux Tling. Le premier remplissait auprès de moi les fonctions de valet de chambre honoraire ; il s'était annoncé comme parlant le français ; la vérité, c'est qu'il prononçait très-distinctement les mots « Oui, monsieur », et les plaçait à tort et à travers ; à part cela, n'entendant et ne sachant pas dire un traître mot. Mais il avait très-bon air, portait avec grâce des robes de soie bleu clair ou gris pâle, et possédait de petites mains que bien des jolies femmes lui eussent enviées. Le jour même où je l'avais arrêté, à mon arrivée à Pékin, il m'avait présenté son ami Tling, comme devant nécessairement lui être adjoint en qualité de *coolis,* pour les gros ouvrages; celui-ci était un gaillard déluré, fort intelligent, d'assez bonne façon et sachant réellement quelques mots d'anglais. L'entretien de ce personnel n'était pas bien coûteux : avec quarante francs par mois, chacun se nourrissait et s'habillait.

Des trois compartiments de ma jonque, le premier, en avant duquel se trouvait une petite plate-forme où l'on pouvait prendre le frais, me tenait lieu de salon et de cabinet de toilette; la nuit, il servait de chambre à coucher à mon chien; dans le second compartiment, on avait dressé mon lit et placé mes malles; le dernier était destiné à loger le personnel du bord : mes hommes y faisaient leur cuisine et y dormaient, quand ils ne ramaient pas. Kane était installé de la même façon.

La veille de notre départ de Ching-kiang, nous avions envoyé ces bateaux, qui, à cause de leur petitesse, remontent lentement le courant du fleuve Bleu, nous atendre à Nankin, à l'entrée du grand canal, et nous les avions rejoints nous-mêmes, à bord d'une jonque de plus fort tonnage : la traversée n'est que de quelques heures.

On constate en naviguant sur le fleuve Bleu, qui est la grande artère de la Chine, toute l'étendue du commerce de cet Empire. Par moments, lorsque le vent est favorable, l'eau est littéralement couverte de jonques ; il y en avait bien cent cinquante, variant entre deux et quatre cents tonneaux, qui attendaient un bon vent pour quitter Ching-kiang ; elles partaient en même temps que nous, et étaient aussitôt remplacées par un même nombre d'autres, arrivant dans la direction opposée.

Nankin était autrefois une ville considérable ; récemment encore, elle comptait deux cent mille habitants ; mais les Taï-pings ont massacré la population et incendié la ville ; l'herbe pousse maintenant dans ces lieux où quinze ans auparavant la foule se pressait. La fragilité des monuments chinois est un fait curieux, mais général et caractéristique.

Nankin a été pendant une période considérable la capitale de l'Empire : son nom signifie résidence du Sud, comme celui de Pékin, résidence du Nord.

Plusieurs empereurs de la dynastie des Ming y sont enterrés. La nature du sol ne se prêtait point en ce pays à une disposition aussi grandiose qu'à Che-sanling, dans le Pe-tchi-li : les vastes plaines qui bordent le fleuve Bleu, la température clémente qui y règne, rien ne comportait le même appareil sévère. Mais, au milieu de ces riantes contrées, la terre qui abrite les restes de l'ancienne dynastie, vaincue et chassée par les princes mongols, aujourd'hui régnants, n'en est pas moins chère au cœur des Chinois; et malgré l'obéissance et le respect qu'ils rendent à leurs princes actuels, ils ne laissent pas de les considérer comme des étrangers et des envahisseurs.

C'est à Nankin que s'élevait la célèbre tour de porcelaine : haute de près de cent pieds, elle avait cette forme polygonale si souvent répétée dans les monuments du pays. Elle était construite entièrement avec des briques en porcelaine; les Taï-pings ne l'ont pas respectée, et les débris même en ont disparu. Il est maintenant difficile de retrouver une de ces briques : elles étaient un peu plus grandes que les nôtres, d'une pâte blanche et d'un grain assez fin : on les recherche à titre de curiosités.

Nous ne fîmes qu'un court séjour à Nankin; cette ville, dont il ne reste que la vaste enceinte, au milieu de laquelle errent quelques troupeaux de moutons, n'était pas faite pour nous retenir. Elle paraît cependant destinée à se relever, grâce à sa situation à l'entrée du Grand-Canal, et aussi à la résidence du vice-roi des deux Kiangs, le Kiang-si et le Kiang-nan. Le vice-roi actuel continue les traditions du grand Tseng-kouo-fan, le vainqueur des Taïpings, et le père du marquis Tseng, ambassadeur de Chine à Paris. C'est un homme éclairé, qui a pris à tâche de réparer les désastres de la guerre; il a mis pour cela à contribution les contrées demeurées florissantes; par ses soins, de jeunes plants de mûriers sont distribués gratuitement; il favorise, en outre, autant qu'il le peut, dans son gouvernement, l'émigration qui résulte du trop-plein des pays épargnés, et principalement du Sse-tchuen.

Nous commençâmes notre chasse le jour même de notre arrivée; les faisans, les perdrix et même les chevreuils abondent dans ce désert qui fut autrefois Nankin. Mais la grande chasse se fait plus loin dans l'intérieur des terres. Nous naviguions pendant la nuit, traînés à la cordelle : c'était ce qu'il y avait de plus commode pour nos gens, et nous dormions tout en avançant. Le matin, dès le lever du soleil, nous stoppions et, après un premier déjeuner, nous partions en guerre; un drapeau blanc, hissé au haut d'une perche plantée sur la berge du canal, nous servait de point de ralliement et nous aidait à retrouver notre gîte, à dix ou onze heures, quand la faim ou la chaleur nous rappelaient. Quelquefois, le fidèle Tling m'accompagnait; mais le plus souvent j'emmenais un homme de la jonque pour porter mes munitions; il s'adjoignait pour le gibier un camarade recruté sur place; s'il y avait à transporter une grosse pièce, il en fallait plusieurs, mais les amateurs ne manquaient pas.

Quand nous chassions simplement en plaine, nous rentrions avec vingt-cinq faisans environ chaque matin. Il y avait beaucoup de cailles, mais nous les négligions, pour ne pas faire une trop grande consommation de cartouches. Je n'ai pas vu une seule perdrix, et seulement quelques lièvres. Les jours où nous tombions sur une contrée que le mauvais entretien des canaux ou des écluses avait rendue marécageuse, nous faisions une magnifique chasse au marais, de canards, d'oies, de sarcelles, etc. On ne retrouve pas là le gros canard jaune de Mongolie, mais il y a des canards mandarins de mœurs débonnaires; ces animaux sont si familiers qu'ils poussent la confiance jusqu'à se laisser approcher et même assommer. Les chevreuils ne se distinguent de ceux d'Europe que par une particularité assez remarquable. Ils ont à la mâchoire supérieure, d'ailleurs dépourvue d'incisives comme chez tous les ruminants, deux énormes canines d'au moins quatre centimètres de longueur, qui descendent verticalement et en dehors de la partie inférieure de la bouche. On ne comprend pas l'utilité de ces défenses, semblables en petit à celles du morse. Des naturalistes, soucieux de tout expliquer, disent qu'elles servent à accrocher les branches d'arbres pour en brouter le feuillage; malheureusement, ces animaux ne vivent pas dans les bois, de sorte que leurs crocs seraient plus utiles à leurs congénères d'Europe qu'à eux.

Pendant toute notre excursion, je n'ai rencontré qu'une seule bécasse. Sa mort donna lieu à un incident dont les suites auraient pu être funestes. Je n'avais pas aperçu, en la tirant, un pauvre diable de Chinois qui se trouvait exactement dans sa direction : de sorte que, n'ayant pas manqué la bête à plume, je fis coup double sur l'indigène. Aussitôt, celui-ci de pousser des cris de paon, auxquels accourut toute la population d'un petit village voisin, caché dans les bambous. Il n'y avait presque uniquement que des femmes; elles m'eurent bien vite entouré, et leur attitude semblait révéler les intentions les plus hostiles. M'approchant alors du blessé, je le trouvai fort bien portant et même criant plus fort que les autres; aussi comprenais-je mal la cause d'une si grande colère.

J'avais beau chercher à leur faire entendre que j'étais tout prêt à offrir à ma victime une indemnité convenable, c'était peine perdue. J'avais bien appris à Pékin quelques mots de chinois, mais le dialecte du Nord diffère tant de celui du Sud que, bien souvent, j'ai vu des Chinois réduits, pour se comprendre, à s'écrire à la manière des sourds-muets, en traçant rapidement les caractères avec l'index de la main droite dans le creux de la main gauche; privé de cette ressource, que les lettrés seuls possèdent, j'étais fort perplexe. Quelques hommes étaient arrivés; l'un d'eux m'avait pris mon fusil; je crus plus sage de l'abandonner sans résistance, pour bien faire constater mes dispositions pacifiques, que de le défendre contre cette foule qui n'eût pas tardé à avoir raison de moi. Ils m'entraînèrent vers un groupe de maisons situées sur le canal; je crois qu'ils se rendaient assez bien compte de ma bonne volonté à dédommager largement leur compatriote de sa blessure imaginaire et voulaient en profiter sans vergogne. J'avais envoyé à la jonque un des bateliers chargé de porter mes munitions, y chercher mon domestique, pour me servir d'interprète. Pendant ce temps, on me gardait à vue sur l'un de ces ponts en dos d'âne très-élevé, si nombreux en Chine, où ils paraissent avoir été construits bien plus en prévision du passage des mâts au-dessous que de véhicules qui ne sauraient y circuler. J'étais donc juché sur cette arche unique, contemplant à mes pieds, non sans inquiétude, les eaux jaunâtres du

Grand-Canal. Il eût été facile de me faire faire le plongeon; je pensais bien avec mélancolie que mes Chinois n'en seraient pas plus avancés : malheureusement je n'avais pas affaire à des Parisiens, et ne pouvais leur répéter le mot de l'abbé Maury, à ceux qui lui criaient : « A la lanterne! » « Y verrez-vous plus clair pour cela? »

Enfin, mon fidèle Tling arriva. J'avais sagement agi en le réclamant. D'ordinaire, je ne comprenais pas les indigènes lorsqu'ils se parlaient entre eux; mais cette fois je saisis admirablement les premiers mots adressés en arrivant par Tling à la foule, pour lui expliquer son intervention : « *Ouo che tati ken pan* », s'écriat-il, ce qui signifie : « Je suis son serviteur. » Ces simples mots, prononcés par lui dans la langue de Pékin, produisirent un effet instantané et magique : toute l'attention se porta aussitôt sur le nouveau venu, vingt voix lui expliquèrent le cas; il lui fallut beaucoup de perspicacité et de sang-froid pour démêler ce dont il s'agissait. Au bout d'un moment, nous pûmes conférer; je le chargeai d'annoncer à mes ennemis que j'étais tout disposé à donner de l'argent (on parlait de cent vingt-cinq francs); mais que, n'ayant pas sur moi une somme aussi considérable, il fallait bien me permettre de l'aller chercher aux jonques. Ils apprécièrent la justesse d'une telle demande, et, après un conciliabule où les femmes s'agitèrent beaucoup, il fut décidé qu'un petit nombre d'entre eux m'escorteraient pour garantir le payement de l'indemnité. La plupart retournèrent à leurs occupations.

Revenu aux jonques, j'y retrouvai mon compagnon de chasse que je mis au courant de la situation. Mr. Kane, résidant depuis quinze ans en Chine, avait, touchant le caractère et les habitudes du « Célestial », l'expérience qui me manquait : « N'allez pas donner une telle somme pour un grain de plomb, me dit-il, et laissez-moi faire. » Il prit alors sa carte de visite chinoise, un carré de papier rouge, de vingt-cinq centimètres, sur lequel son nom était tracé en caractères chinois[1], et l'expédia au man-

[1] La dimension du papier annonce la dignité du possesseur de la carte. Dans certaines circonstances, au jour de l'an, par exemple, ou lorsqu'on a quelque faveur ou quelque grâce à demander, cette dimension se règle, non plus sur le rang de celui qui l'envoie, mais de celui auquel elle est destinée. Ce papier se replie en soufflet, et les grands

darin de l'endroit, en l'invitant à venir juger sur place le différend dont il s'agissait.

Au bout d'une heure, le gong et le tambour nous annoncèrent l'approche du représentant de l'autorité : son escorte était assez maigre ; le *Tche-chien* du petit bourg auprès duquel nous nous trouvions n'est pas un bien grand personnage, et ses ressources ne lui permettent pas d'étaler beaucoup de faste : ils étaient environ une dizaine de pauvres hères déguenillés. Le mandarin avait meilleure mine, avec sa robe de soie claire, sa casaque de même étoffe foncée, son collet bleu de ciel, et ses bottes de satin noir à hautes semelles de papier. Un membre du tribunal des rites de Pékin n'aurait pas été plus correct. C'était un jeune homme d'une trentaine d'années, probablement débutant dans la carrière administrative.

Mr. Kane le reçut, l'installa à la place d'honneur, devant une table servie de thé et de gâteaux, dans le plus grand de nos trois salons, celui dont nous faisions notre salle à manger, et entama avec lui, en chinois, une conversation

mandarins reçoivent quelquefois des cartes de visite qui sont de véritables in-quarto.

qui roula d'abord sur des banalités. Puis, on aborda le sujet auquel nous devions l'immense honneur de la visite de ce fonctionnaire. Mr. Kane s'exprimait fort bien en chinois; le *Tche-chien* et lui discutèrent longuement sur le plus ou moins de dommage causé au blessé; on le fit comparaître : il exhiba un bras fort blanc; un grain de plomb, affirmait-il, était au moins venu s'aplatir dessus, s'il n'avait pas pénétré dans les chairs : ce que son émotion l'avait empêché d'apprécier. Le bonhomme fut sévèrement congédié par son chef hiérarchique, et se retira en frappant trois fois le plancher de son front, pour demander justice.

Il l'obtint. Je dus payer deux dollars, soit dix francs, dont l'un remis au plaignant et l'autre octroyé au mandarin à titre de frais et indemnité de déplacement; mais il fut convenu que mon fusil me serait immédiatement rendu, et le *Tche-chien* dépêcha un sbire pour l'aller chercher. Nous nous séparâmes fort bons amis; j'étais enchanté d'en être quitte à si bon compte et couvris Mr. Kane de bénédictions.

Malgré la protection que nous avions trouvée chez le représentant de l'autorité, nous ne jugeâmes pas prudent de prolonger notre séjour en cet endroit, et nous remîmes à la voile, ou plutôt à la corde, pour aller nous établir plus loin.

Le hasard nous servit à souhait : c'était une contrée des plus marécageuses, où se trouvaient des bandes d'oies et de canards, dont nous fîmes une magnifique hécatombe. On voyait même dans des terres inondées les faisans partir du milieu des bambous; il m'est arrivé souvent d'entrer dans l'eau jusqu'aux genoux pour atteindre ce gibier, qui n'a jamais pourtant passé pour un oiseau aquatique.

Le retour à Shang-haï se fit dans les mêmes conditions que l'aller : je distribuai à toutes les belles dames de la colonie le reste de ma chasse, ce qui me valut de nombreuses invitations à dîner; et mon chien, auquel revenait une bonne part de mes exploits, fut couvert de gloire. Avec le prix que m'en offrirent les sportsmen du cru, j'aurais pu à mon retour en France le remplacer par un cheval anglais.

VII.

LE LUXE EN CHINE.

Contrairement à l'opinion reçue, les Chinois sont extrêmement simples dans leur mise.

Nous en jugeons par ces robes toutes chargées d'ornements avec leur carré ou leur rond par devant et par derrière, emblème brodé aussi inexpliqué pour nous que pour eux les épaulettes de nos officiers de marine. Ce sont là en effet des uniformes de mandarins, analogues à la soutane violette, au rochet et à la mitre de nos évêques, à la tunique de nos généraux, au frac de nos ambassadeurs, sans parler de nos habits noirs, couverts de plaques et de grands cordons.

Seuls, les personnages officiels en Chine peuvent revêtir ces costumes, et encore combien de fois par an? une ou deux à peine : tant les

Chinois sont ennemis du faste, en ce qui touche leur personne.

Ils ne les mettent même pas pour la visite de congé ou d'arrivée, due à leur supérieur le plus élevé lorsqu'ils entrent en fonction, ou en sortent, et cela, par un raffinement de politesse; car, la première fois, ils sont censés se présenter au débotté, sans même avoir eu le temps de changer leur costume de voyage; de même, quand ils viennent prendre congé, ils offrent, pour ainsi dire, au moment même de monter en voiture, à cheval, en bateau ou en chaise, leurs hommages, à la dernière minute, pour montrer qu'ils ne s'arrachent qu'à regret de leur chef adoré.

Les mandarins envoyés en Europe depuis une dizaine d'années au plus par leur gouvernement, se sont longtemps refusés, sous prétexte qu'ils sont en voyage, à revêtir leur grand costume; il a presque fallu leur imposer ces frais de toilette, et leur faire comprendre qu'il était peu aimable, sinon même impoli pour les diplomates européens, par lesquels ils sont pourtant flattés d'être traités en collègues, d'assister avec eux aux cérémonies et fêtes officielles, dans ce vêtement par trop simple, et malgré sa coupe et sa couleur étranges, l'équivalent pour eux de notre paletot-sac.

Les Chinois sont donc peu portés à abuser de la splendeur du costume. Les mandarins ne se parent qu'à leur corps défendant et fort rarement du dragon brodé et du collier, insignes de leur dignité. Les grands négociants doivent acheter un titre officiel pour être à l'abri des vexations auxquelles ils seraient exposés si le moindre luxe décelait leur fortune; car, à la réserve des fonctionnaires, la richesse n'a pas le droit de se produire en Chine. Mais les marchands opulents obtiennent quelque tolérance, en se faisant admettre, à prix d'argent, dans la classe des lettrés. Ces faux mandarins revêtent leur costume encore plus rarement que les vrais, et seulement pour se faire peindre. Quant à la grande industrie, elle n'existe pas; un tel régime ne saurait la comporter, l'autorité sur des ouvriers et de grands établissements sont incompatibles avec la constitution chinoise.

Quoi qu'il en soit, et malgré un certain apparat, on ne distingue pas un vice-roi ou un important *Tao-taï* du plus modeste lettré, ou encore le chef d'une maison de commerce, qui remue des millions, du dernier de ses commis. Ils sont tous vêtus à peu près de la même façon. Le bonnet, par exemple, ne diffère en rien, depuis le souverain jusqu'au plus pauvre coolis. Seuls, quelque jeunes excentriques placent parfois une pierre fine sur le devant.

En Europe, nos modes changent perpétuellement : combien d'hommes, même de nos jours, consacrent un temps qui est loin d'être insignifiant à des questions de toilette! En Chine, rien de tout cela : la forme du *ta-koua-ze* et du *siao-koua-ze*, l'un à sept boutons, l'autre à cinq, est fixée d'une manière immuable par les lois. Elle n'a pas varié depuis plus de deux cents ans, époque à laquelle la dynastie mongole imposa, comme signe de la conquête, aux Chinois vaincus, la coiffure et la robe tartares qu'ils portent encore.

L'ancien costume national ne se retrouve plus que sur les porcelaines, sur les dessins, ou encore dans les portraits : habitude conservée comme une sorte de protestation.

Les Chinois ne portent sur eux aucun bijou,

à l'exception d'une bague en jade, de trois centimètres de large, qui enveloppe entièrement le pouce, et dont l'usage, provenant du tir à l'arc, est adopté surtout par les Mongols.

Les Japonais sont aussi simples dans leur costume; mais ils portaient, avant leur révolution, des armes très-luxueuses; de plus, les membres des différents degrés de leur noblesse paraissaient en public, plus souvent que les mandarins chinois, avec des costumes richement ornés.

Bien entendu, je ne parle pas ici des femmes; chez les deux peuples elles recherchent la parure, à peu près autant que les personnes de leur sexe en Europe.

En Chine, elles se parent de boucles d'oreilles, de bracelets en or, en argent ou en jade, d'épingles à cheveux de même matière et ornées de pierres précieuses ou de plumes de martins-pêcheurs; le jade joue toujours un grand rôle dans ces bijoux.

Au Japon, on ne voit guère que des épingles à cheveux, en métal ou en écaille; leur trop grande profusion sur la tête n'est pas un signe de vertu.

VIII.

LES ÉMAUX CLOISONNÉS.

Depuis que les Européens ont pénétré dans l'Extrême-Orient, le prestige attaché jadis à ces contrées mystérieuses ne s'est pas évanoui pour nous; mais il a fait place aux impressions nouvelles d'une curiosité que les événements de nos dernières guerres en Chine ont singulièrement accrue. Jusque-là, tous nos renseignements sur ces peuples lointains se bornaient aux observations, nécessairement incomplètes, de nos courageux missionnaires, ou aux récits, souvent inexacts, de voyageurs isolés. Mais un contact plus intime s'est établi entre les deux civilisations; en se voyant de plus près, il leur a été donné d'observer mutuellement leurs arts et leur industrie.

A ce double point de vue, si nous avons beaucoup à apprendre aux Orientaux, ils ont aussi bien des choses à nous communiquer. La splendide nature qui les environne a été leur première éducatrice; leur soleil leur a enseigné cette couleur et cette harmonie de tons, que l'œil enchanté du voyageur trouve merveilleusement reproduites sur les étoffes, les armes, les bijoux, et jusque sur les tombeaux de l'Inde, tout éblouissants de mosaïques et de pierres précieuses, à Agra, par exemple, ou à Bénarès, à Lahore, à Delhi, dans les temples, les palais et les mosquées.

La Chine, dans sa partie septentrionale, moins baignée de lumière, a tiré davantage de son propre fonds, et a trouvé en elle-même une originalité tout aussi puissante, moins gracieuse peut-être, dont les beaux émaux cloisonnés qu'elle nous expédie depuis quelques années semblent les spécimens les plus marquants. La richesse de couleur et l'harmonie de tous ces grands vases aux dessins fantastiques, les font à juste titre rechercher par les amateurs comme des pièces d'ornement de premier ordre.

Les Chinois, qui ne sauraient passer pour des maîtres en fait d'art, entendent cependant assez bien la décoration. Leurs sujets, très-simples en général, ne sont le plus souvent que des esquisses, où ils indiquent l'idée, sans la noyer dans des détails qui nuiraient à l'impression totale. Cette sobriété est une des causes de leurs succès dans l'art décoratif : ils excellent en outre dans le fini des petites choses, et on doit les louer de savoir réserver la minutie de l'exécution au genre qui le comporte.

Il ne faut pas juger de l'art des Chinois d'après les ouvrages destinés à l'exportation; ils y modifient leur goût naturel pour le plier à celui des Européens, dont la grande majorité ne comprendrait pas les conceptions purement indigènes. L'artiste ne travaillant pas alors d'après sa seule inspiration, son talent se trouve de beaucoup diminué, et ses œuvres n'ont guère plus de mérite que les chinoiseries de contrebande fabriquées en Europe; aussi, toute question de fini dans le travail mise à part, les ouvrages anciens sont d'un goût bien plus pur et ont beaucoup augmenté de valeur. Les vrais amateurs les apprécient alors qu'ils dédaignent ces produits bâtards expédiés maintenant de Chine sous le faux nom d'objets d'art.

On connaît assez peu, en général, les procédés

LES ÉMAUX CLOISONNÉS. 127

de fabrication du cloisonné chinois. On n'en fait guère qu'à Pékin, capitale de l'empire, résidence du souverain, de tout le personnel du gouvernement et des représentants des puissances européennes, mais dont le séjour est interdit aux commerçants étrangers. Ni Shanghaï ni Canton, villes industrielles de premier ordre cependant, n'ont encore essayé de faire en cela concurrence à Pékin. Plusieurs raisons s'y opposent : d'abord, le secret de la fabrication de cet émail est assez bien conservé par les familles qui le possèdent; puis, il faudrait un apprentissage pour les ouvriers. A la vérité, les hommes des provinces du Sud, plus intelligents que ceux du Nord, auraient bien vite appris, et sans doute perfectionné les procédés de Pékin; mais le déplacement d'une industrie demande des années, dans ce pays, où tout se fait avec lenteur. Dans la capitale, l'industrie du cloisonné est liée à d'autres. La matière première vient de la province de Shan-ton, limitrophe de celle du Petche-li; la préparation de l'émail est entre les mains d'un petit nombre de familles, dont les relations avec Pékin sont anciennes, et dont quelques-unes sont même associées aux fabricants.

Une douzaine de maisons au plus possèdent donc à Pékin le monopole de ce commerce, dont les Européens sont les seuls clients ; car les Chinois n'achètent pour eux-mêmes que fort peu de cloisonnés. Les riches amateurs du Céleste-Empire lui préfèrent les jades, le cristal de roche, les ivoires curieusement travaillés, les porcelaines, et, par-dessus tout, un tableau ou une pièce de poésie signée du nom d'un lettré célèbre, ou simplement quelques caractères tracés par le pinceau d'un grand mandarin ; il n'y aurait rien d'étonnant à ce que la manie des autographes, née en Chine, eût été importée chez nous dans une caisse de thé.

Les Chinois payent généralement fort cher tout objet dont l'antiquité est à peu près authentique. Les traditions de leurs ancêtres, aussi bien que les vieilles porcelaines, les bronzes anciens, en un mot, tout ce qui rappelle les dynasties antérieures, a droit à leur respect. Ils n'oublient pas qu'ils sont gouvernés par des étrangers, les Mandchoux, et conservent religieusement le souvenir de leurs souverains nationaux; tout ce qui appartient à ces temps reculés de leur histoire leur devient précieux. Le costume est la trace la plus apparente qu'ait laissée la conquête. Bien qu'ils aient adopté sans esprit de changement celui des Mandchoux, les Chinois cherchent une revanche dans leurs tableaux : jamais ils ne se font peindre qu'avec le vieux costume national de la dynastie des Mings, et dans tous les dessins d'ornementation on retrouve invariablement le vêtement et le chapeau à ailettes d'il y a deux cents ans.

Les anciennes modes et la vieille coiffure chinoise se retrouvent, paraît-il, en Corée. Mais il est difficile d'aller s'en enquérir sur place, l'accès de ce pays étant interdit aux étrangers; on peut néanmoins les observer sur les ambassadeurs coréens, qui viennent tous les deux ans à Pékin, et habitent la partie de la ville où se trouvent les légations des puissances européennes. Comme collectionneur, le Chinois est donc plus encore antiquaire qu'artiste; de là son indifférence actuelle pour les brillants émaux qui nous donnent une idée si fausse de la décoration des palais de la Chine.

Les heureuses tentatives de M. Christofle ont démontré quelle pourrait être, en ce genre comme en d'autres, notre supériorité; mais, devant l'énormité du prix de revient, en France, nos fabricants ont, en général, abandonné la partie; aussi, à part quelques pièces de luxe, que leur valeur considérable rend inaccessibles au grand nombre, ils ont dû se borner au champlevé, dont la fabrication, plus économique, exige moins de main-d'œuvre et permet l'emploi de l'eau-forte et des autres procédés mis aujourd'hui par la science au service de l'art; pour le champlevé, l'émail, comme on le sait, est coulé dans des cavités pratiquées dans le métal où sont ménagées les séparations; on employait autrefois le burin, mais il a été remplacé par les acides, comme pour la gravure.

Dans la fabrication du cloisonné proprement dit, celui où les émaux de différentes couleurs sont séparés par des cloisons rapportées, les Chinois, malgré leurs procédés très-rudimentaires, luttent avec avantage, grâce à l'étonnante modicité du prix de la main-d'œuvre. Les ouvriers gagnent en moyenne huit francs par mois (ceux qui sont occupés aux fourneaux, dix francs); ils ont en plus la nourriture, c'est-à-dire le riz, qui représente une somme à peu près égale.

Leur travail, de huit à dix heures par jour, revient donc au maître à seize ou dix-huit francs par mois ; or c'est environ le salaire que MM. Christofle et Barbedienne donnent par jour à quelques-uns de leurs ouvriers.

L'art de faire des émaux cloisonnés remonte à la plus haute antiquité. Les magnifiques spécimens sur or représentant des scarabées, réunis au musée égyptien du Louvre, en font foi.

Il est aujourd'hui démontré que cet art fut importé d'Occident en Chine par les Arabes, au treizième ou quatorzième siècle.

Les émaux cloisonnés étaient désignés autrefois en Chine sous le nom de *ta-che-tze*, porcelaine des Tozi ou Arabes, ou bien encore sous le nom de *fa-lan-tze*, porcelaine des Francs.

La carcasse du vase se fabrique à part; elle est en cuivre rouge assez pur, et martelée, comme cela se pratique chez nous dans la petite chaudronnerie. L'épaisseur du cuivre est d'un millimètre environ. Prenons-le à son arrivée à la fabrique de cloisonné, et voyons comment on le recouvre d'émail.

La première opération consiste à former les cloisons qui doivent contenir les émaux de différentes couleurs : pour cela, on fixe par la tranche, sur les parois, de petits rubans de cuivre d'un millimètre de large sur un quart d'épaisseur : on se sert à cet effet d'une composition dont le borax forme la base. L'artiste en découpe des morceaux de longueur convenable, les recourbe suivant les contours du dessin qu'il veut reproduire, trempe la tranche dans la composition, et les applique, en les tenant avec une petite pince, sur le vase à décorer. Lorsque le dessin lui est familier, il n'a pas besoin de modèle; mais pour les belles pièces, le dessin, plus compliqué, est toujours tracé d'avance sur le papier. Quelques-uns de ces dessins sont payés à l'artiste jusqu'à deux cents francs.

Les cloisons une fois placées, on procède à l'argenture. Cette opération est-elle nécessaire pour donner plus d'adhérence ou plus d'éclat à l'émail? je ne saurais le dire; mais j'ai entendu attribuer à l'omission de ce détail dans l'exécution les couleurs ternes du cloisonné japonais; c'est ce qui le rend, malgré la finesse plus grande du travail, si inférieur au chinois.

Pour l'argenture, chaque pièce est chauffée d'abord jusqu'au rouge, afin de souder les cloisons au corps du vase; puis elle est refroidie et plongée dans un bain d'argent, d'où elle ressort entièrement blanche. Si quelque cloison s'est trouvée dérangée pendant l'opération, on la remet en place, on la resoude et on la réargente à part.

Ensuite vient le tour des émailleurs; les ouvriers, rangés autour d'une table, ont entre les mains les différentes pièces où les cloisons tracent déjà une esquisse en relief du dessin; devant eux de petites soucoupes avec autant de couleurs différentes contiennent, dans très-peu de liquide, le sable fin, légèrement agglutiné, qui forme la pâte. On le met en place avec une cuiller en cuivre, grande à peu près comme nos cuillers à sel. La couche d'émail, à peine posée, se consolide, et il ne reste plus qu'à la faire cuire.

Les fours dans lesquels s'opère la cuisson sont loin d'être des monuments comme à Sèvres, ou même de petites constructions comme chez nos moindres potiers : dans la cour, autour de laquelle se trouvent les ateliers, on voit simplement, çà et là, de grands gobelets en grillages de fer, variant de un à six pieds de hauteur; on y place l'objet à chauffer, entouré de tous côtés de charbon de terre : sept ou huit gaillards rangés autour du brasier avivent le feu avec le plus grand sérieux du monde, à l'aide d'immenses éventails de plumes d'oie : curieux pays, où l'absence de grèves permet encore l'usage de l'éventail comme soufflet de forge! C'est dans ces fours en plein vent que l'on place le vase une première fois, pour la soudure des cloisons; une seule cuite suffit alors, mais pour l'émail il en faut trois. Après chacune d'elles, la pièce revient à l'émailleur, qui renforce les couches et comble les vides produits par les boursouflures; on n'arrive guère cependant à les faire disparaître complétement. Souvent il se produit des piqûres qui déparent les cloisonnés; elles sont dues à un dégagement de gaz causé pendant la cuisson par l'impureté de l'émail ou par un feu mal conduit. Ce travail est on ne peut plus délicat; et c'est à cause de la difficulté et de la fatigue de leur métier que les ouvriers qui s'y consacrent sont payés plus cher que les autres, savoir deux francs de plus par mois.

Les pièces doivent refroidir lentement. Mais l'émail est encore rugueux; il n'affleure pas exactement au bord des cloisons ou le dépasse; il faut lui donner cet uni dont l'effet sera d'augmenter encore l'éclat des couleurs. Autrefois, on polissait à la main; aujourd'hui, on emploie le tour dans tous les cas où son usage est possible. Le polissage se fait avec une pierre ponce ou un grès humide. Le tour permet d'obtenir une régularité mathématique et une correction industrielle peu agréables dans un objet d'art : le travail à la main, quoique moins parfait, a un caractère plus artistique.

La dernière opération consiste dans le dorage des cloisons, qui conservent toute la crudité du cuivre rouge, encore avivée par le frottement. Cette dorure se fait simplement au feu et au mercure, à l'aide d'un mélange qui ne prend pas sur l'émail.

Il faudrait, pour donner au lecteur une idée complète de cette fabrication, pouvoir le transporter au milieu de ces établissements pittoresques et simples en même temps, composés de quelques hangars autour d'une cour de dix à quinze mètres de côté. Le premier étage y sert de magasin. Les façades sur la cour sont fermées, comme dans toutes les maisons chinoises, par des treillages de bois recouverts d'un papier qui tamise un jour très-doux.

En sortant de la fabrique, le cloisonné est aussitôt emballé pour Shang-haï, ou bien il passe dans les boutiques des marchands de curiosités, stations obligées de tout visiteur à Pékin. Les mieux fournies sont dans une rue de la ville chinoise nommée Ta-sha-la; mais il y en a aussi de fort belles disséminées dans la ville tartare. Les cloisonnés y sont placés sur des rayons au milieu d'objets d'art de toutes sortes, entassés un peu pêle-mêle, mais disposés de façon à se faire valoir mutuellement.

Quand on va les visiter, on est reçu en entrant par quelques commis en belle robe bleue qui font les honneurs et présentent l'objet qu'on leur désigne. Si on leur en demande le prix, ils taxent à dix fois sa valeur la moindre bagatelle. Mais le propriétaire ou son représentant ne tarde pas à paraître; on apporte du thé dans de jolies tasses, on vous fait asseoir, on vous offre même une pipe, qu'il est sage de refuser, car le tabac des Chinois est loin de valoir leur excellent thé. C'est alors que se débattent les prix; si l'acheteur est expérimenté, il se garde de conclure l'affaire séance tenante et se retire; revenir trop tôt, serait montrer un empressement dont le marchand ne manquerait pas de tirer parti. Tout est généralement très-cher. Les Européens sont surtout frappés du prix qu'atteignent les jades : la plus petite tasse en jade blanc ou en feizoui (jade vert) coûte des centaines de francs : les marchands trouvent à les vendre à ce prix à quelque particulier chinois qui doit offrir un cadeau à un mandarin. Nous ne faisons guère de concurrence aux Chinois pour les jades; ils n'ont pour nous aucune valeur artistique; les indigènes, au contraire, apprécient la rareté de la matière, lorsqu'elle est belle, et surtout le temps qu'on a mis à la travailler, car le jade est une pierre très-dure.

Il ne serait pas hors de propos de donner ici un aperçu des destinées probables du cloisonné en France. Les belles pièces des époques anciennes, où ce luxe était réservé aux palais impériaux, ou encore à ceux des très-grands mandarins, auxquels l'empereur faisait des cadeaux, ces pièces, dis-je, sont de véritables œuvres d'art; elles auront toujours aux yeux des connaisseurs une valeur très-différente des produits de l'industrie actuelle, et leur place est marquée dans les riches collections. Mais il n'en est pas de même de cette grande quantité de cloisonnés arrivant pour ainsi dire tout chauds des mains du fabricant; déjà, l'engouement qu'ils ont inspiré au début disparaît; les connaisseurs les abandonnent, et leurs prix commencent à baisser. Ce sont, en effet, de simples objets d'ornement; seules les grandes fortunes peuvent les acquérir comme curiosités, et le dédain des vrais amateurs les fera sous peu passer de mode; il n'y aurait donc rien d'étonnant à ce qu'ils fussent bientôt meilleur marché à Paris qu'en Chine, jusqu'au jour où la fabrication du cloisonné viendrait à se transformer. Cette transformation consisterait à en vulgariser l'emploi et à l'appliquer non-seulement à la décoration proprement dite, mais à mille détails d'ameublement ou d'aménagement intérieur, dans lesquels il pourrait remplacer le bronze uni ou sculpté.

Pour modifier en ce sens le cloisonné, il faudrait se rendre sur les lieux, se mettre en relation avec les fabricants, leur fournir des modèles et les amener à travailler pour des commandes venues d'Europe.

Tel est, à coup sûr, le parti qu'un jour ou l'autre quelque industriel intelligent ne manquera pas de tirer du cloisonné ; il est à craindre seulement que les Anglais ne nous devancent dans cette voie, comme ils le font presque toujours dans tout ce qui se rapporte au commerce et à l'industrie. La chose serait d'autant plus regrettable que cette branche de l'art industriel exige un goût délicat, dont ils ne sont pas doués en général.

IX.

LES MANDARINS.

Le terme de mandarin, dont nous nous servons pour désigner les officiers civils et militaires de la Chine, est étranger à la langue du pays. Il vient d'un mot portugais qui, selon les uns, serait un dérivé du verbe latin *mandare* (mander, ordonner); selon les autres, une corruption d'un mot indien (du sanscrit *mantrin,* conseiller, ministre); Littré considère comme la plus vraisemblable cette dernière étymologie.

Les titres au mandarinat s'obtiennent à la suite d'examens, qui portent exclusivement sur la littérature et la connaissance des textes anciens et de leurs commentaires.

A ce point de vue, la Chine réalise l'idéal de l'égalité parfaite; tous les postes y sont accordés à l'érudition littéraire : parfois des gens du peuple s'associent pour faire instruire le fils de l'un d'entre eux, qui manifeste de grandes dispositions pour l'étude. Celui-ci peut ainsi subir ses examens et s'élever aux plus hauts degrés de la hiérarchie officielle ; il est alors en mesure de rembourser au centuple les frais de son éducation. Tous les mandarins ont, en effet, autour d'eux une camarilla qui encombre perpétuellement leurs yamens et en est la véritable plaie. Mais ces élévations extraordinaires sont rares, et la grande majorité des fonctionnaires chinois se recrute habituellement dans la classe des lettrés.

Le premier grade donne le titre de *joli talent*, et s'acquiert à la suite d'un concours qui a lieu tous les deux ans, dans certaines villes. Le degré le plus élevé de la hiérarchie, auquel correspond le titre de *Han-lin* ou académicien, est conféré à la suite d'examens qui se passent à Pékin tous les trois ans; les concurrents sont alors enfermés pour composer, dans de petites baraques en bois, d'où il leur est impossible de communiquer avec l'extérieur; c'est absolument comme l'entrée en loge pour nos candidats au prix de Rome.

Ceux qui sont revêtus des différents titres académiques forment la hiérarchie officielle; les divers grades sont indiqués par la couleur d'un bouton, de trois centimètres de diamètre, placé au sommet de la coiffure. Voici l'ordre de ces couleurs, en commençant par la moindre dignité : 1° bouton doré; 2° bouton de cristal; 3° bouton blanc opaque, en porcelaine; 4° bouton bleu clair, en verre; 5° bouton bleu foncé, en lapis-lazuli; enfin, 6° bouton rouge de corail, insigne du rang le plus élevé.

Ce personnel peut aspirer à toutes les fonctions administratives, judiciaires et financières : non-seulement la séparation des pouvoirs n'existe pas en Chine, mais même celle des attributions et des spécialités y est inconnue. Il arrive bien parfois que quelques-uns soient particulièrement chargés de la surveillance de la navigation, de la pêche sur un grand fleuve ou sur la côte, ou encore de l'inspection de quelque industrie, comme l'exploitation des mines, le commerce du sel, etc.; mais ils sont le plus ordinairement préposés à la police générale et au maintien de la paix entre les citoyens, auxquels ils rendent un semblant de justice. Pour tous, le premier devoir consiste à remplir la caisse de supérieurs avides.

Les impôts réguliers sont assez légers; ils se perçoivent au moyen de douanes intérieures et d'une faible contribution foncière. C'est surtout en vendant la justice et en confisquant les biens de ceux qui, pour une raison ou une autre, ont un démêlé avec l'autorité, que les fonctionnaires battent monnaie. Les plaideurs se retirent la plupart du temps comme ceux de la fable, en n'emportant chacun qu'une écaille; bien heureux quand ils ne perdent pas l'objet en litige.

Les mandarins sont craints comme le feu; la plus grande préoccupation de leurs administrés est de n'avoir aucun rapport avec eux. Eussiez-vous cent fois raison, si quelqu'un se plaint de vous, il vous en coûtera gros, ainsi qu'au plaignant, du reste.

Pour citer encore La Fontaine, les juges chinois appliquent souvent la formule du singe : Toi, loup, tu as pris ce qu'on te réclame, et toi, renard, tu te plains sans qu'on t'ait rien pris : je vous condamne tous les deux.

Ces procédés arbitraires et vexatoires sont d'ailleurs employés par les grands mandarins, vis-à-vis des mandarins subalternes, aussi bien qu'à l'égard des simples particuliers, et ils ne laissent pas d'avoir leur bon côté : ils contribuent notablement à modérer les exactions des magistrats inférieurs, en leur faisant craindre des réclamations dont leurs chefs hiérarchiques ne manqueraient pas de profiter pour exiger d'eux beaucoup d'argent et les ruiner au besoin.

En Chine, le principe de la solidarité est appliqué en grand. Un crime est-il commis quelque part, tous ceux qui habitent dans le voisinage en deviennent les auteurs présumés, et sont exposés aux poursuites. Ils ne se tirent jamais d'affaire sans débourser une somme qui varie suivant leurs ressources et la rapacité du mandarin ; pour cette raison, les habitants d'une même rue forment entre eux une sorte de syndicat, et personne ne peut venir s'y établir sans leur autorisation préalable.

L'application de cette règle de la responsabilité fait qu'un malheureux, en se tuant à la porte d'un riche, est sûr de lui causer les plus grands embarras, peut-être même d'entraîner sa ruine totale.

Comme les plus misérables n'en viennent jamais à cette extrémité sans de sérieux motifs de vengeance personnelle, les mandarins trouvent un prétexte apparent de justice pour exercer alors leurs poursuites acharnées. Ce système a du moins l'avantage de faire régner partout la plus grande sécurité.

X.

L'ARMÉE CHINOISE.

L'Empire chinois est un pays d'une immense étendue, dont le peuple a une grande vitalité et des ressources considérables. Comment donc une nation aussi puissante a-t-elle été incapable de résister aux Anglais en 1840, dans la *guerre de l'opium,* et aux alliés en 1860 ? Pourtant, aucun des agresseurs, à ces époques différentes et pendant ces campagnes si connues, ne disposait de moyens d'action en rapport avec l'étendue et la population du pays attaqué. Quelles peuvent avoir été les causes d'une telle faiblesse au point de vue militaire ? Il y en a de morales et de physiques. D'abord les Européens sont incontestablement plus braves que les Chinois, qui savent attendre la mort de pied ferme, mais n'ont pas l'audace nécessaire pour attaquer. D'autre part, ils manquent presque absolument d'organisation militaire.

La Chine est entourée de tous côtés de peuples moins civilisés, depuis longtemps ses tributaires, et qu'elle n'a pas besoin de contenir. L'armée y devient une institution en apparence inutile, ce qui explique le peu de considération dont elle jouit, et partant son recrutement très-défectueux. Enfin, la décentralisation y est si grande, qu'elle ne permettrait guère de ramasser les forces du pays dans un commun effort.

Les dix-huit provinces sont groupées sous l'autorité de dix vice-rois. Chacun d'eux est à peu près tout-puissant dans son gouvernement. En théorie, il doit rendre compte de tout à la cour de Pékin; mais, en pratique, s'il paye régulièrement les impôts fixés pour sa circonscription, si surtout il en affecte une large part aux mandarins de Pékin, enfin, s'il a soin d'éviter que les affaires de sa province ne deviennent une source d'embarras pour le gouvernement, il jouit, pour tout le reste, d'une indépendance à peu près complète.

Il est difficile de donner un aperçu de l'armée chinoise : il n'existe pas dans le pays de corps homogène dont on puisse, comme pour une armée européenne, esquisser en quelques lignes l'organisation, déterminer l'effectif, décrire les insignes, l'armement et l'uniforme.

Les forces militaires de la Chine se divisent en trois catégories :

1° Les Tartares, ou troupes des bannières;
2° Les troupes de l'étendard vert;
3° Les volontaires, appelés aussi Braves.

Les troupes des bannières se composent des descendants des Mandchoux et des Mongols, venus il y a deux siècles avec la dynastie conquérante, et de ceux de quelques Chinois qui s'étant soumis les premiers, ont été incorporés parmi eux; ils sont environ cinq cent mille, répartis en deux groupes; le premièr, dans le Pe-tchi-li; le second, dans les provinces. Mais ils ne forment pas un véritable corps d'armée; c'est seulement une classe d'hommes qui bénéficient encore de la conquête de la Chine faite par leurs ancêtres; afin même que certains privilèges dont ils jouissent restent toujours entre les mains des premiers titulaires, il ne leur est permis d'épouser les femmes chinoises qu'à défaut de filles appartenant à une famille inscrite sur le contrôle des bannières. Ce cas se présente très-rarement, d'ailleurs. Dans les premiers temps de leur arrivée en Chine, les Tartares avaient besoin de se maintenir en force armée afin d'affermir leur domination ; mais actuellement elle leur est de moins en moins contestée, et les bannières ne conservent plus que l'appareil militaire. Ils n'ont fait d'ailleurs que garder les divisions traditionnelles, d'où ils tirent leur nom ; et cette organisation, importée de leur pays, est encore celle des tribus restées en Mongolie et en Tartarie. Ils sont tous répartis en huit bannières, qui se distinguent par leurs couleurs :

La première est jaune ;

La deuxième, jaune à bordure rouge ;

La troisième, blanche ;

La quatrième, blanche à bordure rouge ;

La cinquième, rouge ;

La sixième, rouge à bordure blanche ;

La septième, bleue ;

La huitième, bleue à bordure rouge.

De ces huit bannières, les trois premières sont considérées comme les plus honorables et appartiennent au service de l'Empereur, tandis que les cinq autres sont affectées à celui des princes. Chacune de ces bannières renferme des hommes des trois nationalités, plus un groupe formant la garde, dans lequel toutes trois sont également représentées. Cette dernière création date des guerres qu'eurent à soutenir les souverains mandchoux dans les premiers temps de leur établissement en Chine, et son nom actuel de Hu-kun-ying remonte à 1660. A la tête de chaque bannière, sont placés quatre personnages marquants, au titre mandchou, mongol, chinois, et de la garde. Leurs fonctions sont viagères, et ils n'ont pas besoin d'appartenir à la nation au nom de laquelle est leur charge. L'Empereur nomme, pour une durée de cinq à six ans, des officiers qu'on pourrait assimiler à des inspecteurs généraux; ils président aux rares manœuvres qui s'exécutent, et pourvoient aux vacances produites parmi les soldats de toutes classes.

Chaque bannière se compose d'un certain nombre de tso-lings, ou compagnie ne comprenant que des hommes de même race, commandés par un officier; l'effectif n'en est pas limité, mais cent ou cent cinquante hommes seulement reçoivent une solde et sont astreints à quelques exercices. Les soldats de 1ʳᵉ classe, ou ma-kia, touchent par mois trois taels ou 24 francs; ceux de 2ᵉ classe, ou yang-yu-pings, un tael 1/2, ou 12 francs; dans les tso-lings chinois, il existe une classe intermédiaire appelée leuh-kiao-pings, ou porteurs de chevaux de frise, qui touchent deux taels. Tous, à quelque classe qu'ils appartiennent, ont droit en outre à une ration de riz.

Quelquefois la charge de Tso-ling (on donne aussi ce nom au capitaine de la compagnie) est héréditaire. Ce fonctionnaire tient les registres et s'occupe de toute la comptabilité. Les hommes ne sont pas casernés; ils habitent avec leur famille, dans les quartiers affectés à leur tso-ling, des maisonnettes ayant chacune leur petite cour. Ceux qui ne reçoivent pas de solde sont entièrement libres et peuvent même, si bon leur semble, quitter la résidence du tso-ling. Il en reste toujours un grand nombre retenus par l'espoir d'entrer dans les cadres des soldats rétribués, quand se produit une vacance.

Tous les savants sinologues qui ont compulsé les écrits chinois font une énumération plus ou moins longue et différente avec chaque auteur, des divers corps spéciaux recrutés parmi les hommes des bannières, mais je suis porté à croire que toutes ces divisions n'existent que sur le papier. Pour ma part, je n'ai réussi à en découvrir que quatre ou cinq :

1° La garde personnelle de l'Empereur, composée d'environ quatre cents hommes;

2° La garde intérieure du palais, qui en compte un millier;

3° La garde extérieure du palais, dont l'effectif s'élève à sept cent quatre-vingts hommes;

4° Un corps de fusiliers, comprenant deux mille trois cents hommes. Il y a encore, à Yuen-min-yuen ou aux environs, deux mille à deux mille cinq cents ouvriers et mille cavaliers. Le septième prince, oncle du dernier Empereur, a, en outre, organisé en 1862 un corps d'environ dix à quinze mille hommes, recrutés parmi les tso-lings. Cette troupe d'élite est seule armée de fusils et à peu près exercée à l'européenne. Tous les autres tso-lings savent seulement tirer de l'arc et exécuter quelques mouvements avec plus ou moins d'ensemble.

Les gardes du palais sont chargés du service intérieur, et font la haie sur le passage de l'Empereur, quand il sort. Les ouvriers sont employés à fabriquer ce qui se consomme dans l'intérieur du palais, dont les vastes magasins sont approvisionnés par les tributs de tout l'extrême Orient, la Chine, Siam, le Thibet et la Corée.

Les bannières tartares occupent, en outre, comme il a été dit plus haut, dix provinces, parmi lesquelles se trouvent toutes celles des côtes. Elles y sont réparties en dix-huit garnisons, sans compter quatre camps en dehors de la frontière de l'ouest.

Ces troupes sont placées dans chaque province sous les ordres d'un grand dignitaire portant le nom de général tartare, qui a la préséance sur le vice-roi ou gouverneur général lui-même, quoique son autorité ne s'étende en réalité que sur sa petite troupe des bannières.

Les troupes de l'étendard vert, ou lou-yings, forment la milice qui, dans toute l'étendue de la Chine, est mise à la disposition des mandarins pour la police, la poste, etc... Ces soldats, mal payés, ont presque tous une autre profession et n'endossent que le moins possible leur casaque. D'après l'almanach général de l'empire, l'effectif des troupes de l'étendard vert serait de six cent cinquante mille hommes; ces soldats sont chargés de porter la correspondance officielle (l'État ne s'occupe pas de celle des particuliers). Les dépêches que les mandarins envoient à Pékin et celles qu'ils en reçoivent sont transmises par des courriers échelonnés à cet effet; quelquefois, dans les grandes circonstances, elles sont expédiées avec une vitesse de deux cent cinquante kilomètres en vingt-quatre heures[1].

Mais ni les troupes tartares, ni les milices de l'étendard vert ne forment une véritable armée active. Lorsqu'il y a à châtier quelque rébellion ou résister à une attaque quelconque, ce qui est tout un aux yeux des Chinois, il faut recourir à d'autres moyens. Les mandarins chargés de la répression recrutent à cet effet des soldats qui prennent leur nom de « braves » du caractère chinois, peint en noir au milieu du disque d'étoffe dont est orné le devant de leur casaque bleu ciel bordée de rouge ou de jaune. Cette inscription est destinée à effrayer

[1] Pour plus de détails sur l'organisation intérieure de l'armée chinoise, les titres des mandarins qui composent la hiérarchie, etc., consulter : *The Army of the chinese empire*, dans *The chinese repository*, vol. XX, et *The Chinese Government*, par MAYERS (Schang-haï, 1878.)

l'ennemi en lui faisant croire que tous ceux qui la portent en sont dignes par leur courage personnel.

On emploie, pour les enrôler, toutes sortes de moyens, depuis la prime jusqu'à la contrainte.

Quelle est la valeur de ces divers éléments qui constituent les forces de l'empire chinois? Un de nos écrivains militaires les plus autorisés[1] attribue à deux causes différentes la puissance d'une armée. Les unes, selon lui, tiennent au caractère de la nation, à son tempérament, à ses traditions, à son histoire, à son degré d'instruction générale, etc...; on peut les appeler des causes morales. Les autres résultent du mode d'organisation de l'armée, du degré d'instruction militaire des officiers, sous-officiers et soldats, du matériel de guerre, de l'armement, de l'équipement, etc... Ce sont les causes matérielles. Or, ces deux sortes de conditions indispensables font complétement défaut en Chine. Tout semble y concourir à l'affaiblissement de la force militaire.

La Chine était autrefois soumise à un régime

[1] Le général Trochu.

assez semblable à celui de l'Europe au moyen âge. Elle se divisait en un grand nombre de royaumes, plus ou moins indépendants. Ces petits États, tout en reconnaissant l'autorité de l'Empereur, étaient souvent en guerre entre eux. Il est probable qu'à cette époque, les armées étaient aguerries par les campagnes qu'elles avaient l'occasion de faire, et que le métier des armes jouissait d'un plus grand prestige qu'aujourd'hui. C'est à cette date que remontent les traités classiques qui, maintenant encore, forment la base *fondamentale* de l'art militaire en Chine, et sur lesquels portent les examens que doivent subir les candidats aux grades d'officiers. Ces livres, au nombre de six, sont antérieurs à l'ère chrétienne, excepté un seul, qui est du septième siècle après Jésus-Christ. Le plus ancien ne compte pas moins de trois mille ans d'existence. Les *Mémoires sur les Chinois,* publiés au dix-septième siècle, en contiennent de nombreux fragments; quelques passages ont le caractère d'une simplicité tout à fait primitive qui, en telle matière, semble au premier aspect bien naïve. Mais il ne faut pas perdre de vue l'antiquité reculée à laquelle ils ont été composés et le léger bagage d'expérience que possédait alors l'humanité. Quoi qu'il en soit, on voit tout de suite, par la lecture de ces ouvrages, combien les Chinois de tous les temps ont entendu d'une autre façon que nous l'art de la guerre.

Nous qui sommes convaincus de l'excellence de nos méthodes appuyées sur le raisonnement, qui n'estimons que les vérités démontrées et rejetons tout principe purement conventionnel, nous serions bien souvent étonnés, en lisant les recommandations adressées aux généraux chinois.

Le savant traducteur de ces ouvrages, le P. Amiot, dit lui-même dans son avant-propos : « Comme le goût des Chinois est aussi différent
« du nôtre, que nos usages, nos mœurs, nos
« coutumes diffèrent des leurs, il pourra se
« faire que ce qui est si fort estimé chez eux ne
« soit regardé chez nous qu'avec une certaine
« indifférence. Ainsi, ceux qui pourraient avoir
« la curiosité de lire les ouvrages de Sun-tse et
« des autres, qui ont écrit sur l'art militaire, ne
« doivent pas s'attendre à y voir des détails
« amusants, des préceptes instructifs, ou des
« pratiques pour le pays où ils vivent. Si j'avais

« un conseil à donner, je dirais volontiers qu'ils
« ne doivent se proposer d'autre but que celui
« de savoir ce qu'on a pensé dans ces pays loin-
« tains, dans ces temps reculés, sur un art connu
« de toutes les nations et différemment exercé
« par chacune d'elles. Je dirais encore qu'ils
« doivent se rappeler que ce sont des auteurs
« chinois qu'ils lisent, et que ce sont des Chinois
« qui leur parlent français : alors ils excuseront
« facilement les défauts qu'ils pourront rencon-
« trer et tout ce qui leur paraîtra n'être pas
« conforme aux lumières de la raison, à leur
« expérience et à leur bon goût. » Quoi qu'il en
en soit, c'est dans ces temps reculés que l'art
militaire a brillé du plus vif éclat en Chine, et
certains des principes que ces âges nous ont
transmis forment encore une sorte de monnaie
courante, répandue dans tous les pays du
monde.

Quand on a séjourné en Chine, on reconnaît
la justesse de l'appréciation suivante, empruntée
à l'auteur des *Mémoires sur les Chinois :*

« A juger des Chinois, dit-il, par leurs cou-
« tumes, par leurs lois, par la forme de leur gou-
« vernement et en général par tout ce qui s'ob-

« serve aujourd'hui parmi eux, on conclurait
« sans hésiter que c'est la nation du monde la
« plus pacifique et la plus éloignée d'avoir les
« brillantes qualités qui font les guerriers. Leur
« génie naturellement doux, honnête, souple et
« pliant, doit les rendre beaucoup plus propres
« au commerce de la vie qu'aux actions mili-
« taires et au tumulte des armes. Leur cœur, tou-
« jours susceptible de la crainte des châtiments,
« toujours resserré entre les bornes d'une obéis-
« sance aveugle envers tous ceux que la Provi-
« dence a placés sur leurs têtes, doit être comme
« incapable de former ces projets hardis qui
« font les héros. Leur esprit, toujours étouffé
« par un nombre presque infini de petites pra-
« tiques, fait que, dans l'âge même le plus bouil-
« lant, le sang ne semble couler dans leurs veines
« qu'avec une lenteur qui fait l'étonnement de
« tous les Européens. Leurs préjugés ou, si on
« veut, leur bon sens, ne leur font envisager
« qu'avec une espèce d'horreur cette triste né-
« cessité où des hommes se trouvent quelquefois
« réduits d'attenter à la vie d'autres hommes.
« Tout cela doit contribuer, à la vérité, à faire
« des fils respectueux, de bons pères de famille,

« de fidèles sujets et d'excellents citoyens, mais
« ne doit pas inspirer de courage au soldat, de
« valeur à l'officier, ni de vues au général[1]. »

Tel est le jugement porté sur ce pays par les Pères Jésuites, qui y étaient fixés depuis la fin du dix-septième siècle. Si j'aime à citer cet ouvrage, c'est qu'il est écrit par les hommes qui ont le

---

[1] M. Jametel porte encore, en 1883, un jugement semblable. (*La Jeune France,* tome VI, page 110.) Le trait le plus caractéristique de la race chinoise est bien certainement son amour de la paix et sa haine profonde pour toute espèce d'aventures. Ce sentiment a probablement eu pour origine première la configuration géographique du territoire formant la Chine proprement dite, qui a presque exactement la forme d'un immense cercle, placé de telle façon sur la surface de la terre, qu'il renferme dans ses limites tous les climats sous lesquels la vie est possible à l'homme. La race qui a été appelée à vivre et à se développer dans ce cercle a trouvé dans cette situation une force qui tendait d'autant plus à la rendre homogène que les productions variées de son berceau lui permettaient de se procurer tout ce qui lui était nécessaire pour son existence. Placée dans de semblables conditions, le peuple chinois n'a jamais senti le besoin d'aller conquérir par la force ce qu'il ne pouvait trouver sur son propre territoire. La nécessité ne lui a point fait une loi de se former de bonne heure au maniement des armes, et il s'est toujours laissé envahir par ses voisins moins bien partagés que lui par la nature, sans opposer la moindre résistance, confiant dans sa vitalité qui lui a permis de s'assimiler successivement ses conquérants, jusqu'au point de les faire disparaître complétement.

mieux connu la Chine. La mission catholique de Pékin, établie depuis longtemps dans la capitale, n'inspirait aux indigènes aucune défiance; ses membres étaient en contact beaucoup plus intime avec la société chinoise qu'aucun Européen ne l'a jamais été depuis; le grand empereur Kang-Chi ne dédaignait pas de s'entretenir souvent avec eux. D'autre part, bien que ces Mémoires aient deux cents ans d'existence, ils peuvent être considérés comme presque contemporains, dans un pays où l'immobilité des institutions est absolue.

En résumé, la Chine n'est point une nation militaire. La civilisation chinoise est le fruit d'une culture intellectuelle, développée à l'excès, de ce que nous appellerions le bel esprit, le raffinement littéraire. Arriver à briller en ce genre est le rêve de tout ambitieux dans le Céleste-Empire. Les honneurs, les distinctions, appartiennent à ceux-là seuls qui excellent à tourner les vers et connaissent à fond leurs classiques. L'influence de cette éducation dont l'objet est purement littéraire, a rendu l'esprit des Chinois tout à fait antimilitaire. L'emploi de la force leur est profondément antipathique, et à peine osent-ils même recourir à celle du raisonnement : ils ne discutent pas ouvertement ; ils cherchent à persuader leur interlocuteur en feignant de l'approuver, et ne soulèvent jamais que de timides objections. Cette manière de convaincre, qui peut avoir son mérite, fait juger de leur caractère insinuant. Il n'est pas jusqu'aux généraux placés à la tête d'une armée qui ne mettent bien au-dessus d'une bataille gagnée un résultat obtenu par de cauteleuses négociations. Leur diplomatie consiste ordinairement à faire croire à l'ennemi qu'on veut s'entendre avec lui, ou aux rebelles que grâce leur sera faite, à leur promettre des honneurs pour les attirer dans son camp et à les massacrer à loisir. Aussi trouve-t-on les conseils suivants donnés à un général dans le *Sun-tse*, le second des classiques militaires chinois :

« Travaillez sans cesse à créer des embarras
« à l'ennemi ; vous le pouvez de plusieurs façons,
« mais voici la meilleure. N'oubliez rien pour
« lui débaucher ce qu'il aura de mieux dans son
« parti : offres, présents, caresses, que rien ne
« soit omis. Trompez même, s'il le faut, engagez

« les gens d'honneur qui sont chez lui à des
« actions honteuses et indignes de leur répu-
« tation; à des actions dont ils aient lieu de
« rougir quand elles seront connues, et ne man-
« quez pas de les faire divulguer. Entretenez
« des relations directes avec tout ce qu'il y a
« de plus vicieux du côté de l'ennemi, servez-
« vous-en pour arriver à vos fins en leur adjoi-
« gnant d'autres vicieux ; traversez leur gou-
« vernement, semez la discorde parmi leurs
« chefs, fournissez des sujets de colère aux uns
« contre les autres, faites-les murmurer contre
« leurs officiers, ameutez les officiers subalternes
« contre les supérieurs, faites en sorte qu'ils
« manquent de vivres et de munitions, répandez
« parmi eux quelques airs d'une musique volup-
« tueuse qui leur amollisse le cœur, envoyez-
« leur des femmes pour achever de les cor-
« rompre. Tâchez qu'ils sortent lorsqu'il fau-
« drait qu'ils soient dans leur camp, et qu'ils
« soient tranquilles dans leur camp quand il
« faudrait qu'ils tinssent la campagne. Faites-
« leur donner sans cesse de fausses alarmes et
« de faux avis. Engagez dans vos intérêts les
« gouverneurs des provinces; voilà à peu près

« ce que vous avez à faire si vous voulez triom-
« pher par l'adresse et la ruse. »

C'est en combattant les Tai-pings d'après ces principes que le fameux vice-roi Li-hong-chang s'est acquis la grande renommée militaire qui l'a élevé au premier rang de l'Empire et fait considérer comme le bouclier de la Chine.

Il était secondé par les corps anglo et franco-chinois qui, sous le commandement d'officiers européens, se battaient fort bien et conquirent sur les rebelles un grand nombre de villes; mais ces triomphes de la force, accomplis par les Européens, excitaient peu l'admiration des Chinois. De son côté, Li-hong-chang traitait avec les rebelles, promettant aux chefs des honneurs, des emplois, de l'argent, offrant aux soldats de les enrôler sous ses drapeaux et de leur donner une belle solde. Tous ceux qui croyaient à ces avances et venaient dans son camp, étaient impitoyablement massacrés. A Nankin, la garnison, après s'être rendue sur la promesse d'avoir la vie sauve, fut tout entière passée au fil de l'épée. Il y eut plus de deux cent mille hommes tués, sans compter les femmes et les enfants. Ne croirait-on pas lire les antiques histoires des Mèdes et des Perses? Quelques-uns des vaincus cependant furent enrôlés et formèrent l'armée qui, à Tien-tsin, sert encore de garde prétorienne au vice-roi Li. Ces beaux exploits couvrirent de gloire leur auteur. Après son entrée à Nankin, l'empereur lui envoya la robe jaune, l'honneur le plus insigne et la marque de la plus haute faveur. Le major Gordon, maintenant au Soudan, et qui commandait alors le corps anglo-chinois, avait signé avec Li-hong-chang la capitulation. Il eut beau protester contre cette violation des engagements pris, il ne fut pas écouté.

Aujourd'hui qu'il a des Européens devant lui, Li-hong-chang a recours à une autre tactique : « On combat le poison par le contre-poison et les étrangers par des étrangers rivaux..... Jetons-les les uns sur les autres. » Telle est la manière dont il s'exprimait il n'y a pas bien longtemps, dans un document adressé au premier ministre du roi de Corée.

Ce serait assurément une opération militaire très-peu compliquée que de s'emparer de la Chine. L'expédition de 1860, qui s'est rendue par le cap de Bonne-Espérance, passerait maintenant par Suez et pourrait ainsi compter un effectif et des ressources au moins triples pour une dépense beaucoup moindre. L'occupation de Pékin ne présenterait aucune difficulté, et si, à l'exemple des Mandchoux, on continuait à faire administrer le pays par les mandarins chinois, sans heurter les préjugés des lettrés, on pourrait arriver à s'établir utilement dans cette vaste possession.

Mais quelle puissance européenne sera jamais assez délivrée d'embarras intérieurs ou extérieurs de la part de ses plus proches voisins, pour porter ses vues aussi loin et se consacrer à une telle entreprise? — M. Prévost-Paradol, dans sa *France nouvelle,* semble indiquer que ce rôle appartiendra à l'Australie.

XI.

UN SÉJOUR EN MONGOLIE.

Le P. Étienne, prédécesseur du supérieur général actuel des Lazaristes, était assez porté à diminuer l'importance donnée par l'Ordre qu'il dirigeait aux missions lointaines.

Peut-être estimait-il que ses religieux avaient assez à faire en France, et regardait-il cette double tâche comme préjudiciable à l'œuvre, plus importante à ses yeux, qu'ils accomplissent dans nos villes. Peut-être aussi pensait-il que d'autres étaient plus en position qu'eux de réussir, et qu'il valait mieux leur laisser cultiver seuls cette portion de la vigne du Seigneur.

Malgré tout, les missions lazaristes de l'extrême Orient n'ont pas laissé de jeter quelque éclat dans le monde savant du siècle actuel; le P. Huc et le P. David seront toujours regardés, le premier, comme l'un des explorateurs qui ont su le mieux intéresser le public à leurs voyages;

le second, comme un des naturalistes qui ont le plus fait avancer leur science. La direction du Muséum montrait, du reste, combien elle appréciait les travaux du P. David ; elle s'honorait elle-même autant que lui, en lui confiant les deux tiers de la maigre somme mise à sa disposition par le gouvernement pour favoriser les études et les recherches dans les sciences naturelles. Jamais assurément ressources ne furent employées d'une façon plus consciencieuse, plus scrupuleuse et plus intelligente.

Le P. David avait la passion de l'histoire naturelle. Dans le bel établissement que possèdent les PP. Lazaristes à Pékin, au Pétang, ou temple du Nord, il a organisé un cabinet d'histoire naturelle et de physique.

Ce musée est riche en animaux du pays, et renferme également des spécimens étrangers ; on y voit entre autres la peau du lion du Jardin des plantes mangé pendant le siége de Paris, en 1870, et dont la dépouille fut envoyée au P. David.

En Chine, le lion est considéré comme un animal fabuleux. On en sculpte à la porte des palais et des temples, qui ont l'air de chimères ;

aussi, celui du Pétang, fort bien empaillé par le P. David lui-même, excite-t-il une vive curiosité. Les mandarins les plus considérables viennent visiter cette collection; ils y envoient même quelquefois leurs femmes et leurs enfants, ce qui est la marque d'une grande confiance.

La courtoisie avec laquelle les Pères leur en font les honneurs ne peut que prévenir favorablement les hauts dignitaires chinois à l'égard de l'Œuvre; la science établit ainsi de bons rapports entre les missionnaires et les autorités locales. C'est là sans doute un très-habile moyen de propagande.

Autrefois, les PP. Lazaristes avaient, avec les missions de Mongolie, le vicariat apostolique du Pe-tchi-li septentrional. Depuis longtemps déjà, le Pe-tchi-li méridional est confié aux Jésuites, dont le principal établissement dans cette province se trouve à Chien-chien.

Mais, comme je l'ai dit, ce double fardeau paraissait au P. Étienne beaucoup trop lourd. Or, vers 1850, se fondait à Bruxelles l'Ordre des missions étrangères belges, dont les statuts rappellent beaucoup ceux des Missions étrangères de Paris, bien qu'elles soient entièrement indépendantes. La Reine des Belges s'intéressait à cette œuvre, et allait souvent entendre la messe dans la chapelle de l'établissement où l'Ordre débuta sous la direction du P. Becks.

Pour donner aux nouveaux missionnaires une terre à évangéliser, le Saint-Siége releva les Lazaristes de la charge de la Mongolie, l'érigea en provicariat apostolique, et l'attribua aux missionnaires belges.

On donne le nom de Mongolie à tout le pays qui s'étend au nord de la Chine : il est habité par un grand nombre de tribus, comme les Mongols, les Ouirates ou Eleuthes, etc.; toutes s'adonnent exclusivement à la garde des troupeaux. C'est un immense plateau assez semblable au désert de l'Obi, mais moins aride et mieux pourvu d'eau.

Dans la saison où je l'ai visité, une herbe fine d'une teinte un peu monotone, couvrait les légères ondulations qui s'étendent uniformément à perte de vue; ces plis de terrain presque insensibles sont si parfaitement égaux que nous ne fussions jamais parvenus, sans le secours d'un guide connaissant très-bien le pays, à en découvrir un dominant les autres, et d'où le regard s'étendît au loin. Les différences de niveau entre les sommets sont à peine de quelques décimètres : on ne peut s'en rendre compte sans aller constater sur place que l'œil embrasse de l'un ou de l'autre un panorama plus ou moins étendu.

Cette monotonie d'une nature spéciale a son charme; on se sent invité par elle, beaucoup plus que par les horizons plats, mais infinis du désert, à marcher en avant; en Mongolie, on éprouve l'illusion de croire toujours qu'on découvrira quelque chose de nouveau, en gravissant la petite hauteur qui borne l'horizon à un kilomètre ou deux. On monte, et l'on est tout étonné de se retrouver en face d'un spectacle absolument identique; partout même teinte, même vallonnement, même sommet qui paraît devoir dominer au loin; on s'y rend, c'est encore la même chose, et ainsi de suite indéfiniment, en avant, à droite, à gauche; on pourrait marcher quinze jours sans trouver le moindre changement dans le paysage.

De distance en distance, se dressent les tentes d'un village indigène, transporté, suivant la saison, sur une pente exposée au nord en été, au sud en hiver.

Depuis quelques années, la population chinoise du Pe-tchi-li déborde en Mongolie : il y a trois causes de ce fait. D'abord l'accroissement du nombre des habitants; en second lieu, l'émigration venant des provinces ruinées par le changement de lit du fleuve Jaune. On sait que ce cours d'eau a rompu, il y a vingt-cinq ans, les digues au milieu desquelles il était conduit depuis Kai-fong-fou jusqu'à la Mer de Chine, et qu'ayant changé de lit, il suit maintenant, à partir de ce point, une direction plus septentrionale pour aller se jeter dans le golfe du Pe-tchi-li.

Le Shang-tung, où il apportait l'eau nécessaire aux irrigations, a été ruiné; et son nouveau lit n'étant pas encore tracé, il ne forme à cette heure, dans les nouvelles provinces qu'il traverse et fertilise pour l'avenir, qu'une vaste inondation. Des villages entiers ont été détruits, et les habitants doivent chercher de nouveaux foyers.

Enfin, il faut ajouter à ces causes l'existence de bandes de rebelles pillards (résultat ordinaire de l'inondation, qui laisse beaucoup de bras inoccupés). Plus ou moins en rapport avec les Taï-pings du sud, ces bandes chassaient les paisibles habitants qui avaient échappé au fléau.

Les terres ne manquent pas aux émigrants chinois, et les chefs mongols les leur abandonnent moyennant une légère redevance.

Peu à peu les villages se forment, les Mongols sont refoulés vers le nord, et la culture gagne sur ce que l'on appelle la terre des herbes. Déjà on trouve des Chinois installés à deux jours de marche au delà de Kalgan, nom tartare de la ville aujourd'hui entièrement chinoise de Tchang-kia-kou, située à la porte de la grande muraille. C'est par là que passe une partie considérable du commerce entre la Mongolie et la Chine, ainsi que les caravanes qui portent en Russie le thé venu par mer à Tien Tsin. Kalgan est quelquefois traversé dans un sens ou dans l'autre par trois mille chameaux en un seul jour.

La région envahie par les Chinois a un aspect tout différent de la partie encore consacrée aux paturages. Elle est entièrement cultivée et produit des céréales ou des légumes. Les villages chinois y sont pauvres et misérables, mais il faut faire la part du dénûment où se trouvent les colons quand ils arrivent.

Le sol étant entièrement vierge, ils doivent apporter les semences, les instruments de travail, attendre durant une année la récolte, et payer la redevance aux Mongols, ainsi qu'aux mandarins chinois envoyés par le pouvoir central pour administrer le pays au fur et à mesure qu'il se peuple.

Malgré toutes ces difficultés, ces établissements prospèrent toujours; les maisons sont construites comme dans la mère patrie; le toit est supporté sur des colonnes de bois et recouvert de tuiles.

On reconnaît vite, ici comme ailleurs, les instincts mercantiles de cette race. La moitié des maisons au moins sont transformées en boutiques; le volet de la fenêtre s'abaisse et forme un étal, sur lequel le propriétaire expose tout ce qui peut être vendu et acheté.

Je profitai pendant quelque temps en Mongolie, avec d'autres membres de la légation, de l'hospitalité des missionnaires belges de Si-in-ze. C'était le quartier général d'où nous partions chaque jour pour aller chasser. Le pays abonde en perdrix, cailles, lièvres; nous trouvions aussi des bandes de pluviers dorés : on en faisait des pâtés, et, comme ces oiseaux étaient fort gras, ils composaient un mets excellent. Nos hôtes avaient certainement besoin d'évoquer la mémoire lointaine de la mère patrie pour retrouver le souvenir d'un ordinaire aussi succulent. En échange, ils nous offraient leur bière, fabriquée par eux-mêmes avec des grains du pays et qui, malgré l'absence de houblon, constituait une agréable boisson.

Quelquefois nous poussions une pointe dans la terre des herbes. Nous nous arrêtâmes un jour près d'un groupe de tentes, et nous pénétrâmes dans l'une d'elles, appartenant au chef de la petite tribu.

C'était, comme les autres, une tente cylindrique, aux parois verticales et au toit conique, formée d'une carcasse de roseaux, soutenant des plaques de feutre roussâtres, d'un demi-centimètre d'épaisseur ; le toit n'était pas construit autrement.

Le propriétaire nous reçut fort bien, et nous offrit quelques rafraîchissements. L'intérieur de son établissement pouvait avoir quatre à cinq mètres de diamètre et deux mètres de haut sur les côtés; le centre était un peu plus élevé. Au milieu de la pièce brûlait, dans une grille de fer, un feu d'argoles sèches, dont la fumée s'échappait par un trou pratiqué dans le toit. Quelques coffres de bois, rappelant les arches de nos paysans du centre de la France, formaient tout l'ameublement. La famille couche sur des couvertures ouatées qu'on roule pendant le jour. Notre hôte nous fit servir un peu de lait aigri, mélangé avec du thé salé. On nous proposa d'y ajouter quelques pincées de farine de millet ou de blé concassé provenant d'échanges de chevaux ou de bétail faits avec les Chinois. On nous présenta aussi un fromage mince et boursouflé comme une galette, mais tout cela sentait le rance.

La maîtresse de la maison, la femme de celui qui nous avait introduits, était une belle personne, aux grands yeux noirs, et dont les traits tenaient plus de la race caucasique que de la race jaune. Ses yeux, fort beaux, n'étaient pas bridés, et les pommettes de ses joues faisaient moins saillie que chez les Chinoises. Elle portait des vêtements de couleur foncée, et avait la tête couverte d'un petit morceau d'étoffe noire. Des espèces de grandes boucles d'oreilles en argent, accrochées à droite et à gauche de la tête, constituaient la partie la plus caractéristique de sa toilette. Ces ornements, formés de plaques articulées, avaient environ quinze centimètres de long; ils étaient bombés en avant, et allaient en s'élargissant par le bas, comme les glands d'un chapeau de cardinal. Elle ne portait pas d'autres bijoux. Sur la demande de notre cornac, transmise à son mari, elle envoya chercher une voisine qui passait pour avoir une belle voix. Celle-ci nous arriva vêtue comme la première et chanta, d'un ton un peu nasillard, une mélodie d'un rhythme lent et bizarre, mais avec des modulations, un charme et une poésie étranges que certainement on chercherait en vain chez tout ce qui tient au Chinois pur sang.

Il serait difficile de voir une habitation aussi primitive que celle de ce pauvre Mongol. A l'extérieur elle doit ressembler aux huttes des sauvages de l'Afrique ou des îles de l'Océanie, et pourtant, les manières de notre hôte, son air, son costume, révélaient une éducation physique et intellectuelle très-supérieure à celle de ces derniers.

Il est interdit aux habitants de ces steppes de cultiver les terres; ils sont uniquement pasteurs, vivent de la vente de leurs chevaux, de leurs chameaux et de la conduite des caravanes. Ils n'ont certainement pas les aptitudes des Chinois pour le négoce, mais ils sont plus francs, plus braves, moins méfiants; ils paraissent capables d'égaler, sinon de surpasser les Chinois sur tous les points, excepté la ruse et la finesse, si la civilisation venait à les entraîner dans son courant; mais, en Europe même, nous ne voyons pas non plus les peuples d'un tel caractère tenir la première place.

Notre Mongol nous montra l'enceinte en pierres sèches où, par peur des loups, on rentre le bétail pendant la nuit, sous la garde d'énormes chiens.

Les Mongols montent beaucoup à cheval. Parmi leurs cérémonies du mariage, ils en ont une qui consiste à faire franchir à la fiancée une selle placée par terre, pour signifier qu'elle doit être capable de monter, elle aussi, à cheval et d'accompagner son mari partout. Ils aimaient à nous suivre dans nos chasses au lièvre. Nous étions sûrs d'en trouver, au rendez-vous indiqué la veille, tout un petit peloton en robes jaunes, montés sur leurs poneys et attendant nos lévriers.

Nos chevaux, nourris avec plus de grain et entraînés à aller au galop, laissaient ordinairement les leurs en arrière. A moins de circonstances exceptionnelles, les Mongols ne vont que le pas ou l'amble; leurs chevaux, trapus et mastocs, au poil hérissé, se prêteraient mal aux fantasias qu'exécutent les cavaliers des pays de soleil et de sable. Rien de brillant non plus sur les cavaliers et les montures.

XII.

LES CHEVAUX MONGOLS.

Les Mongols forment une nation de cavaliers et d'éleveurs de chevaux. A ce double titre, leurs pratiques et leurs procédés méritent d'être étudiés.

Pour acquérir une connaissance approfondie de la méthode qu'ils emploient dans l'élevage du cheval, il faudrait demeurer longtemps dans leur pays; mais, à première vue, la race de leurs chevaux ne semble rien devoir à un perfectionnement raisonné.

Une complète rusticité et une grande résistance à la fatigue : telles sont les deux qualités qui distinguent la plupart des chevaux mongols. Leur supériorité relative se montre dans toutes les courses que les Anglais ont organisées dans les ports de l'extrême Orient. Partout, les chevaux de Mongolie battent ceux du reste de la Chine, de Manille ou du Japon, quoique leur taille soit moindre et leur apparence moins belle.

Vers 1860, c'étaient des chevaux pur sang qui figuraient dans ces courses. Ils coûtaient fort cher. Mais les grandes fortunes des Anglais établis en Chine, les énormes bénéfices des Jardyne, des John Dent, des Russel, leur permettaient ce luxe. C'était le temps où les employés eux-mêmes de ces puissantes maisons menaient grand train, n'admettant pas sur leur table d'autre vin que le champagne, et où, chaque matin, le caissier payait leurs dettes de jeu faites pendant la nuit.

Le télégraphe a changé tout cela en multipliant, en facilitant les rapports avec l'Europe, enfin en mettant le public à même de tenter ces beaux coups réalisés seulement autrefois par les propriétaires des paquebots rapides, qui apportaient des nouvelles de Singapoor et de Calcutta.

Les courses ont donc pris un caractère plus démocratique, si l'on peut employer cette expression. On a fixé une taille maxima qui permet aux poneys indigènes seuls de concourir. Elles n'en sont pas moins suivies avec beaucoup d'intérêt et d'entrain, surtout à Shang-haï et dans les établissements du nord de la Chine, dont le climat est plus favorable aux exercices du sport. Les chevaux sont généralement montés par des jockeys chinois fort habiles, et qui ont toutes les qualités et les défauts de leurs confrères d'Occident. On leur fait endosser pour la circonstance les bottes à revers, la casaque et la toque professionnelles, aux couleurs de leur maître. Rien n'est plus curieux que de les voir courir, accrochés comme des singes, à leurs petits chevaux, leur longue tresse de cheveux se déroulant malgré toutes les précautions et flottant horizontalement derrière leur tête par suite de la vitesse de la course.

Il se fait à cette occasion de fort gros paris, auxquels les Chinois ne sont pas les derniers à s'intéresser. On invite toujours l'autorité locale, et le Tao-tai ou le Tche-fou ne manque point de s'y rendre avec un certain apparat.

Les chevaux, en Mongolie, sont élevés par troupeaux nombreux, paissant à l'aventure dans les immenses steppes de la terre des herbes. Chaque soir, on les rentre dans une enceinte circulaire, formée d'un petit mur et voisine des tentes de feutre du propriétaire. D'énormes chiens les gardent des loups.

La taille moyenne de cette race est d'un mètre dix à un mètre vingt. Avec leurs membres vigoureux, une grosse tête, leur encolure raide, bien qu'en cou de cygne, leur poil hérissé, ils rappellent nos chevaux de Bretagne ou de la Camargue.

Les Mongols ne vendent guère leurs juments; d'un côté, ils tiennent à les conserver comme poulinières; d'autre part, les Chinois, qui sont leurs principaux et même leurs seuls clients, ne les montant pas, en font peu d'estime. C'est surtout pour l'hygiène des chevaux de service que nous pourrions trouver quelque enseignement dans l'expérience des Mongols.

Élevées en plein air, ces bêtes connaissent peu l'écurie. Plus tard, chez leurs nouveaux maîtres, elles n'en prendront pas davantage l'habitude.

Dans les auberges, où les chevaux arrivent échauffés après une course plus ou moins longue, ils trouvent, en guise d'écurie, une sorte de petit toit, qui n'abrite que la mangeoire et couvre seulement l'encolure et la moitié du dos des chevaux; ils sont ainsi constamment exposés aux intempéries de l'air, et cela par les plus grands froids, qui atteignent parfois vingt-cinq degrés centigrades au-dessous de zéro. Jamais un animal qui vient de faire une course n'est attaché immédiatement à la mangeoire, n'eût-il marché qu'au pas; il est toujours promené doucement en main pendant au moins un quart d'heure. Partout on trouve des enfants pour remplir cet office, qui leur rapporte 4 ou 5 sapèques.

Chez leur maître, et dans la journée, les chevaux sont d'ordinaire attachés dans une cour, à un poteau. Durant les nuits d'hiver on les rentre sous un hangar, mais le plus tard possible, et dès le point du jour, on les remet en plein air. Ils sont promenés chaque matin au pas par le licol, pendant trois quarts d'heure ou une heure, et autant le soir, s'ils ne sont pas sortis dans la journée; le bon marché de la main-d'œuvre et la douceur des animaux rendent cet usage possible : un enfant peut en tenir trois ou quatre. Cette promenade au pas, par le licol, semble être un des principes essentiels de l'hygiène des chevaux mongols : si vous êtes en route et que vous veniez à vous arrêter, une foule de gens se précipitent pour s'emparer de vos montures et les faire marcher lentement, afin qu'elles ne restent pas immobiles pendant la halte.

On tient beaucoup aussi à leur donner l'habitude de la selle. Un Chinois en voyage s'empresse à son réveil de seller son cheval et ne le desselle que le soir, jamais dans la journée. S'il s'arrête pour prendre du repos, pour manger lui-même ou faire manger sa monture, il se contente de relâcher la seconde sangle qui passe derrière le ventre.

Le cavalier mongol ou le chinois, qui a les mêmes habitudes, fait de préférence manger son cheval le soir, ou pendant la nuit, bien qu'il lui donne aussi quelque nourriture le matin. Il n'a cependant aucun parti pris contre un repas au milieu du jour; et s'il le supprime, c'est généralement par économie.

On fait volontiers boire les chevaux en route, lorsqu'il reste encore au moins une heure de trajet. Sur tous les chemins se trouvent, de distance en distance, des auges en pierre, remplies pour une sapèque (soit un centime ou demi-centime), où le voyageur peut désaltérer sa monture. Quelque bonze cumule souvent ce léger bénéfice avec celui de l'entretien de sa modeste pagode.

Ces règles d'hygiène ne sont guère perfectionnées par un peuple ennemi-né de tout changement; mais elles sont scrupuleusement observées, avec ce respect de la coutume qui est le propre des nations orientales; comme elles ne sont ignorées de personne, jamais on ne s'en écarte.

Les Mongols ou les Chinois ne trottent point en route, ils marchent au pas; mais la plupart des chevaux et des mulets montés pour voyager vont l'amble. La longueur ordinaire des étapes représente cinquante à soixante kilomètres; quelques chevaux et surtout les mulets peuvent faire beaucoup plus. J'en ai vu qui abattaient au grand amble cent vingt kilomètres entre le lever et le coucher du soleil, et cela pendant plusieurs journées de suite. Un beau mulet capable de soutenir un pareil train atteint parfois le prix de 3,000 francs de notre monnaie, tandis qu'un cheval ordinaire ne coûte jamais au delà de 200 à 300 francs, même lorsqu'il va l'amble.

Les mulets sont superbes, et relativement

très-supérieurs aux chevaux. Le principal centre de production pour les premiers est la province de Shantung; là ils valent environ 600 à 700 fr. On commence à y recruter les animaux nécessaires au service de la remonte dans notre colonie de Cochinchine.

En Chine même, il n'existe pas de pâturages : aussi, en dehors de la Mongolie, où ils paissent l'herbe des prairies, les chevaux ne mangent-ils que de la paille de riz ou de sorgho hachée et mélangée avec de la graine de millet, du blé noir et une sorte de vesce, ou encore avec du son qui, par suite de l'imperfection des instruments de blutage, se trouve être très-riche en farine. Dans le nord de la Chine, on donne aussi aux chevaux une avoine assez semblable à la nôtre, mais dont le grain se décortique plus facilement. En Mongolie, ils n'ont que l'herbe de la prairie; encore sont-ils forcés, dans la mauvaise saison, de l'aller chercher sous la neige, assez rare à la vérité, malgré les froids rigoureux qui règnent dans ces immenses steppes. Aussi, la mortalité est énorme, chaque hiver, dans ces grands troupeaux.

Sur la terre des herbes, en Mongolie, les

chevaux ne sont pas ferrés, ce serait chose inutile; mais sur les routes de Chine la ferrure est indispensable; elle est légère, ne gêne pas le pied du cheval et lui conserve bien son aplomb. Elle n'a d'autre inconvénient que de s'user très-vite, de se casser ou de s'arracher souvent dans les mauvais chemins.

Le maréchal ferrant chinois, comme l'anglais, ferre seul et sans aide pour tenir le pied; il le place sur un escabeau, la pince appuyée dessus, et la sole verticale; il le pare à l'aide d'un instrument dont il se sert comme d'un ciseau, en l'appuyant à l'épaule pour le faire descendre verticalement; la sole est ainsi parée à plat. Le fer est fort étroit, avec un centimètre au plus de couverture; on l'applique sous le pied sans se préoccuper de sa dimension; on rogne ensuite exactement la corne à sa mesure; il est assujetti par quatre clous en dedans et deux en dehors. On ferre toujours à froid, et beaucoup de maréchaux ne faisant pas leurs fers eux-mêmes, n'ont pas de feu. La Chine est le pays de la petite industrie : il n'est pas rare de voir un homme acheter quatre fers le matin, et vivre, tout le jour, lui et sa famille, de la pose de ces quatre fers. Leurs autres outils, le marteau, la lime, sont semblables aux nôtres. Pour chasser les vieux clous, l'instrument dont ils font usage est coudé, au lieu d'être droit comme le nôtre.

Les chevaux mongols ont généralement le pied très-sûr, mais dans les mauvais chemins les ambleurs tombent assez fréquemment si le cavalier n'est pas fait à cette allure.

La selle mongole et la selle chinoise se ressemblent; seulement la première est plus élevée sur le devant, et elle a un pommeau vertical dans le genre de celui de la selle arabe. Elle se compose de deux arçons en bois de quarante centimètres de long sur dix de large, réunis par une arcade de garrot et un troussequin se soudant l'un à l'autre : cela forme un siége tout en bois, offrant une grande liberté pour l'échine, de sorte que le cavalier est très-élevé sur le cheval. Le bois est recouvert d'un petit coussin. En voyage, les Chinois placent sur leur selle un immense sac renfermant leurs couvertures et effets de toute sorte, qui les élève encore de vingt-cinq centimètres. Ainsi juchés, ils ne se trouvent plus à cheval, mais assis sur une espèce de plate-forme, ce qui rend le trot difficile, mais présente peu d'inconvénients, car, nous l'avons dit, ils vont toujours l'amble.

Immédiatement au-dessous de cette selle, sont fixés deux immenses panneaux en cuir dur, formant chabraque et destinés à protéger la robe du cavalier du contact avec le cheval; ils empêchent toute action des jambes, et de plus se réunissent sur l'échine, de façon à enlever beaucoup de liberté au garrot : il en résulte que, malgré l'avantage que paraît présenter à cet égard le bois de la selle, beaucoup de chevaux sont blessés sur la ligne médiane du dos. Ces panneaux ont un trou pour le passage des sangles. Les étriers sont grossiers et assez larges pour que les Chinois se contentent ordinairement d'y appuyer le côté du pied sans l'engager dans l'arcade. Sous le cuir se placent les tapis, le plus souvent en feutre commun et semblables à ceux des selles arabes.

Pour les longs voyages, les Chinois emploient un tapis excellent, d'une remarquable légèreté, d'un très-bas prix et avec lequel les chevaux ne sont, pour ainsi dire, jamais blessés sur les côtes. Il se compose de deux morceaux de laine, piqués de façon à former des boudins longitudinaux de deux ou trois centimètres de large, qu'on remplit d'une graine très-légère, analogue à celle du sorgho. Le tassement complet ne se produit jamais dans ce rembourrage; et toutes les aspérités que peuvent offrir la selle ou le corps du cheval viennent s'y loger. Ce tapis est parfait, il y aurait profit à l'emprunter aux Chinois.

Les sangles sont mauvaises, en fil ou en poil de chameau. Il y en a deux, l'une ajustée comme les nôtres, au passage ordinaire des sangles, la seconde prenant en arrière du ventre pour suppléer à la croupière; mais un grand nombre de chevaux portent dans cette région des traces de blessures, ce qui semble devoir condamner cet usage.

XIII.

LE JAPON.

On arrive en trois jours de Shangaï à Nangasaki. J'accomplis la traversée sur le *New-York*, de la Compagnie du Pacifique, qui fait le service entre Hong-kong et San-Francisco, en longeant les côtes de Chine et en passant par le Japon. Le premier aspect de ces îles, perles de l'extrême Orient, justifie bien leur renommée de pittoresque.

Des coteaux boisés, limitant de riantes vallées, entourent la rade de tous côtés; la ville s'élève au fond. Tout est vert; malheureusement cette fraîcheur de végétation s'achète au prix d'une grande humidité. Il pleut souvent au Japon, de même qu'en Irlande, et dans tous les pays verts; le beau ciel bleu n'est l'apanage que des contrées brûlées. Les deux choses ont chacune leur charme et leur poésie.

A Nangasaki, on doit visiter le cimetière, très-bien situé sur une hauteur dominant le golfe et la ville; il faut également voir l'île de Décima (anciennement Kisma), où se trouvait le comptoir de la Compagnie des Indes hollandaises.

Ce sont les Portugais qui ont découvert le Japon; les Hollandais ne tardèrent pas à s'y établir peu de temps après.

Les premiers, outre le commerce qu'ils faisaient dans le pays, tentèrent d'évangéliser les indigènes, comptant s'appuyer sur les Japonais convertis pour établir leur domination. Ils suscitèrent ainsi beaucoup d'embarras au gouvernement, et il en résulta même une guerre civile, à la suite de laquelle les Japonais chrétiens furent battus et presque tous exterminés.

On défendit alors de recevoir aucun étranger, de peur qu'il ne fût Portugais. Les Hollandais seuls obtinrent l'autorisation de commercer avec les insulaires, mais on leur imposa de nombreuses conditions. Ils ne devaient pas sortir de l'île de Kisma, en face de Nangasaki; à peine leurs bateaux arrivaient-ils que les voiles et les gouvernails en étaient enlevés et portés chez le gouverneur de la ville, il fallait que toutes les marchandises fussent immédiatement déchargées, et ils n'avaient le droit de repartir qu'après y avoir été autorisés.

Après l'expulsion des Portugais, on voulut imposer aux étrangers l'obligation de jurer qu'ils n'étaient pas chrétiens; les Hollandais tournèrent la difficulté en jurant qu'ils étaient simplement Hollandais.

Cette situation convenait peu à la Compagnie des Indes, puissante société comme il en existait de semblables à cette époque en France et en Angleterre, et à laquelle le gouvernement néerlandais avait concédé le monopole du commerce avec ses possessions d'Extrême Orient. Aussi chercha-t-elle plusieurs fois à se rendre plus indépendante. Le célèbre voyageur Tavernier raconte à ce sujet une tentative assez intéressante à rapporter.

Le général de Batavia, d'accord avec le président du comptoir de Nangasaki, avait chargé un amiral de faire une reconnaissance sur les côtes du Japon et d'y chercher un point où l'on pût s'établir pour exploiter des mines d'or, qui eussent été une source très-importante de richesse. Mais les bateaux pris par le mauvais temps, vinrent échouer sur la côte japonaise; comme il était défendu de recevoir des étrangers, les indigènes qui les recueillirent les conduisirent à l'empereur.

L'amiral, ne voulant pas avouer le véritable but de sa mission, n'imagina rien de mieux que de se donner pour un très-grand seigneur hollandais, victime d'une fâcheuse aventure. Il avait eu le malheur, disait-il, de tuer en duel un membre de la famille royale, et force lui avait été de s'expatrier momentanément pour laisser à la colère de son souverain le temps de se calmer; mais voulant utiliser ses loisirs forcés au service de son pays, il avait équipé une flotte pour donner la chasse aux pirates qui pillaient le commerce hollandais; les hasards de la tempête l'avaient heureusement jeté sur la côte japonaise, et il se félicitait de la fortune qui l'avait amené dans les États d'un aussi grand prince.

L'empereur ajouta foi à ce roman et fit reconduire le naufragé avec les plus grands honneurs au président de Nangasaki : l'amiral séjourna quelque temps dans ce port, attendant une occasion pour rentrer à Batavia.

Un jour, un domestique du président, qui savait le hollandais, surprit la vérité dans une conversation qu'il entendit. Le gouverneur japonais, instruit par lui, en informa l'empereur : celui-ci, furieux d'avoir été mystifié et surtout de voir les projets que tramaient les Hollandais, ne parlait de rien moins que de les jeter à la mer, eux et leurs marchandises, et de rompre à l'avenir toute espèce de relations, si on ne lui livrait immédiatement le traître et l'espion. Entre temps, l'amiral avait regagné Batavia. La nouvelle des menaces de l'empereur du Japon faillit y faire éclater une révolution. Le conseil des marchands prétendait obliger le général à céder à ces menaces et à renvoyer le pauvre amiral. Ce dernier se défendait de son mieux, alléguant qu'il ne relevait pas de la Compagnie. Enfin, voyant que la sédition ne se calmait pas, il conçut un dessein hardi. Il se déclara prêt à retourner au Japon, pourvu qu'on lui donnât deux vaisseaux magnifiquement équipés et une suite considérable, enfin tout ce qu'il fallait pour jouer un personnage important. On lui accorda ce qu'il demandait, et il revint en cet équipage au Japon. Il se fit conduire, en arrivant, à la cour. L'apparat avec lequel il se présenta, le train qui l'accompagnait, ne laissèrent pas de faire impression et de confirmer l'assurance qu'il donnait d'être réellement un personnage considérable de son pays, obligé de s'expatrier pour une affaire d'honneur. Amené en présence de l'empereur, bien qu'il eût déjà commencé à apprendre le japonais, il demanda encore huit mois pour l'étudier. Il affirmait qu'il le parlerait alors couramment et arriverait à se justifier du crime dont il était accusé. Sa bonne mine, son habileté, ses largesses aux principaux personnages de la cour, lui firent obtenir la grâce qu'il sollicitait. Il profita si bien de ce répit, que le souverain changea complétement de sentiments à son égard. La fable inventée par lui fut tenue pour vraie, et le malheureux Japonais, coupable d'avoir divulgué la vérité, fut exécuté.

L'amiral comblé de présents put retourner en Hollande; son premier soin, dès en arrivant, fut d'intenter un procès à la Compagnie, pour la violence qu'on lui avait faite en le renvoyant au Japon au péril de ses jours. Il obtint des dommages et intérêts très-considérables.

En sortant de Nangasaki, on ne tarde pas à entrer dans la Mer Intérieure, par le détroit de Simonozaki. Le coup d'œil est féerique. Le bateau à vapeur circule à travers un archipel de petites îles, où, pour le plus grand charme de la vue, les rochers se mêlent à une végétation presque tropicale, venant baigner jusque dans la mer. Celle-ci pénètre par de nombreuses criques dans les terres, qui, à leur tour, poussent dans l'eau des caps de toute forme. Le bateau, pour suivre ce dédale, est obligé à tout instant de changer de direction, et chaque île remplit, pour ainsi dire, le rôle d'un verre dans une lanterne magique ; tout à l'heure elle formait fond de tableau ; dix minutes après, elle est dépassée, rentrée dans la boîte, et c'est le verre suivant qui déroule aux regards des spectateurs une petite baie, quelques jonques de pêcheurs, avec un village dans le fond. Le tableau change ainsi à chaque instant pendant plusieurs heures. On passe parfois à quelques encablures seulement de terre.

Kobé, autrement dit Hiogo, au centre de la Mer Intérieure, nous retint trois jours. Une magnifique cascade y sert de but de promenade; il y a tout autour des établissements pour prendre le thé, au milieu de pittoresques jardins.

Contrairement à leurs voisins de Chine, les Japonais sont la propreté même. Tout le monde connaît maintenant, grâce à la dernière Exposition, leurs maisons de bois qui ressemblent aux petits chalets en miniature qu'on vend aux touristes en Suisse. Ces habitations sont presque toujours neuves, car l'incendie ne leur laisse pas le temps de vieillir; mais les tremblements de terre, si fréquents dans ce pays, rendent impossibles et même dangereuses les maisons de pierre. De Kobé, nous fûmes en deux jours à Yokohama, établissement européen à l'entrée de la rade de Yeddo.

Tokio, anciennement Yeddo, capitale du Japon, compte de douze à quinze cent mille habitants. Au centre, s'élève le Scho-dji-rho, ou palais du Micado. Tout autour s'étend le quartier des yas-kis, hôtels des anciens daïmios ou seigneurs féodaux. Ces palais sont aujourd'hui abandonnés, et les rues ne voient plus passer les brillants cortéges qui venaient les animer, il y a vingt ans encore.

Avant 1868, le Japon était, en effet, un pays

féodal avec dix-huit grands feudataires ou principaux daïmios, soixante ou soixante-cinq seigneurs, moins considérables, et au-dessous d'eux deux cent cinquante autres encore. Cet ensemble constituait une aristocratie qui avait ses armoiries, ses châteaux, ses hommes d'armes, ses pages et ses gentilshommes. La noblesse seule avait le droit de faire ferrer ses chevaux : le commun des mortels remplaçait la ferrure par une sorte de chausson de paille retenu autour du paturon par des tresses de même matière.

La dignité de daïmios a été abolie en 1868. A cette époque, quelques-uns des plus puissants du Sud, parmi lesquels le prince de Satzouma était le plus considérable, se liguèrent contre l'autorité du Taïcoun, principal daïmio et maître effectif du pays où son autorité s'était substituée à celle de l'Empereur. Pendant longtemps l'Europe, regardant ce premier des vassaux comme le véritable souverain, traitait avec lui, et lui-même n'avait ouvert au commerce étranger que les ports qu'il possédait en propre; or, ce n'était, en réalité, qu'une sorte de maire du palais, dignité que se transmettaient, avec tous leurs autres biens, les héritiers de la puissante famille To-koun-gawa, descendant du grand Taï-ko-sama, le fondateur de cette domination. Les Taïcouns gouvernaient à la place du Micado, l'Empereur véritable, qui résidait, dans une complète inaction, à Kioto, et dont les parents les plus proches étaient placés dans des bonzeries et pourvus de riches bénéfices.

Le dernier Taïcoun, avec l'aide des daïmios du Nord, serait cependant parvenu à maintenir son autorité, si ses adversaires n'avaient trouvé moyen de mettre le Micado dans leurs intérêts. La négociation fut conduite par un ambitieux cougaie, nom qui désignait les seigneurs de l'entourage particulier du Micado. Cette noblesse, à la différence de celle formée par les daïmios, ne possédait pas de terres et n'avait par conséquent aucune influence; mais on servait aux chefs de ces anciennes familles des revenus qui leur permettaient de soutenir le luxe d'une cour assez fastueuse et tout à fait oisive. Ils recevaient de grands honneurs et étaient entourés de nombreux domestiques. Les Taïcouns les entretenaient comme des hochets autour des Micados et les maintenaient à dessein dans l'ignorance la plus absolue et l'éloignement le plus complet des affaires.

Une fois l'autorité du Taïcoun détruite, le Micado, remis en possession d'un pouvoir plus effectif, établit le siége de son gouvernement à Yeddo, qui prit alors le nom de Tokio ; la révolution fut consommée par l'abandon de la plupart des anciennes coutumes et l'adoption en principe de la civilisation européenne. On supprima la puissance des daïmios, mais plusieurs d'entre eux firent partie du nouveau gouvernement et conservèrent leur situation sous un autre nom. Les autres perdirent presque toute leur fortune, mais ils n'eurent plus à entretenir les armées de samouraïs et de koskaïs qui autrefois vivaient aux frais de leurs maisons ; s'ils ont beaucoup perdu de leur importance, leur bien-être et leur confortable n'en sont en rien diminués. D'ailleurs, tous ceux de la classe dépossédée, daïmios ou samouraïs, qui avaient un peu l'esprit d'intrigue, sont entrés dans le nouveau personnel gouvernemental, où ils trouvent de nombreux moyens de battre monnaie ; l'héritier des To-koun-gawa lui-même vit, en simple particulier, à Yeddo, d'une modeste pension.

Yeddo occupe une superficie à peu près égale

à celle de Paris et renferme de vastes parcs avec de beaux ombrages, au milieu desquels s'élèvent des temples, constructions légères dont la laque forme le principal ornement. Le sol, les murs, les colonnes qui soutiennent le plafond, les dieux, les autels, les vases, les chandeliers, les brûle-parfums, tout est laqué. Ce vernis rouge, noir ou doré, recouvre tout au Japon. Ces jardins sont également semés de petites maisons de thés, tenues par de jolies Japonaises, qui vous invitent avec la plus gracieuse insistance à leur donner la préférence, quand on passe à leur portée.

Rien n'est attrayant comme ces petites fées, dans leur élégant costume aux larges manches tombantes, d'où s'échappent de jolis bras blancs. Les magnifiques robes et ceintures brodées que nous admirons en Europe, ne sont portées que par les chanteuses et les danseuses. Les autres femmes s'habillent d'étoffes unies ou à très-petits dessins, et le plus souvent de couleur foncée. Il n'y a que les revers croisés sur la poitrine qui soient plus voyants. Leurs robes traînantes sont relevées avec une ceinture large de vingt-cinq centimètres et doublée d'étoffe roide, dans laquelle elles emprisonnent leur petite taille ronde. Tous leurs vêtements, ceux de dessous comme ceux de dessus, ont la même forme. Ces robes sont fendues du haut en bas et seulement très-croisées, sans être retenues autrement que par la ceinture; il en résulte que, par un grand vent, elles s'entr'ouvrent quelquefois, et lorsqu'elles laissent apercevoir un petit pied, on n'en est pas réduit à deviner que la jambe est jolie. Quelques-unes ajoutent à leur débit de thé un tir à l'arc ou quelque autre petit trafic, mais rarement celui de leurs charmes.

Autant les Chinoises sont roides et gauches dans leur tournure, autant les Japonaises paraissent élégantes et souples dans tous leurs mouvements; mais la plus grande ne dépasse guère quatre pieds de haut : ce sont de vrais petits bijoux d'étagère. Malheureusement les femmes mariées ont la déplorable habitude de se laquer les dents en noir et de se raser les sourcils. Elles sortent aussi beaucoup plus que les Chinoises, et on les rencontre à chaque pas dans les rues, par petits groupes de deux ou trois amies, courant les boutiques. Elles forment la majorité du public des théâtres, tandis qu'en Chine elles n'y constituent que la minorité. Les Japonaises ne se fatiguent jamais de la longueur des représentations, qui durent du matin au soir. Elles y remplissent les loges et les petites cases du parterre, formées par de minces divisions sur lesquelles les garçons de service courent incessamment, comme de vrais équilibristes, leur plateau de rafraîchissements à la main en guise de balancier.

A Yeddo, les rues sont très-larges et très-propres, un sable fin y tient lieu de pavé. Avant l'arrivée des Européens, les voitures étaient presque inconnues, et tous les transports se faisaient à dos d'homme ou de cheval. La grande route du To-kaïdo elle-même, qui traverse le Japon dans toute sa longueur, franchissait la plupart des pentes à l'aide d'escaliers, que les chevaux étaient habitués à gravir.

Les maisons n'ont, au plus, qu'un étage au-dessus du rez-de-chaussée. Les plus belles boutiques ne possèdent pas de devanture.

De Yeddo, je revins à Osaka, port principal de la Mer Intérieure, grande et belle ville très-régulière. Les rues y sont toutes percées à angle droit, comme dans les cités de la nouvelle Amérique. Osaka est du reste une ville relativement moderne, qui a été construite tout d'une pièce, sous le règne du grand Taï-ko-sama, le fondateur de la dynastie des Taïcouns ou Siogouns.

Quand on a admiré le château, qu'on est monté dans une tour à sept étages, construite dans le goût chinois et la plus haute de tout l'empire, lorsque enfin on a visité quelques temples, Osaka n'a plus de mystères pour le touriste.

En allant voir un négociant français, M. Réal des Perrières, à qui j'avais été recommandé, je trouvai chez lui un ingénieur, M. Mouchez, notre compatriote, employé par le gouvernement japonais à l'exploitation d'une mine d'or et d'argent, à Ikouno, dans les montagnes de l'intérieur. Ces messieurs devaient partir le lendemain pour cet établissement; ils me proposèrent de les accompagner, et je n'eus garde de refuser cette occasion unique qui m'était offerte de pénétrer au cœur du Japon; nous revînmes donc par mer à Kobé. Il n'y a que cent dix kilomètres de cette ville aux mines. Nous devions les parcourir en trois jours.

Notre caravane se composait de quatre djinrikichas, ou petits cabriolets à bras, destinés à chacun de nous trois et à un interprète japonais, le seigneur Kataoka. C'était un jeune homme fort élégant, avec ses bottines, son chapeau mou de feutre gris, ses épais cheveux noirs courts et hérissés et son pardessus noisette recouvrant un costume entièrement japonais. Il était convaincu d'être mis comme le Parisien le plus accompli, et avec cela il ne doutait de rien. Sa présence ne contribua pas peu à l'agrément de notre voyage. Il était heureux comme un roi de tirer quelques grives que nous rencontrions sur la route, et qu'il manquait régulièrement. Kataoka devait remplir les fonctions de courrier en s'occupant de nos moyens de transport et de notre logement dans les hôtels; il était aussi chargé de nous procurer des nidzogos pour traîner nos petites voitures. C'est ainsi qu'on appelle les hommes qui font ce service et qui portent les palanquins. Nidzogo signifie mot à mot pied d'homme; on leur donne ce nom parce qu'ils remplacent les pieds des personnes qu'ils portent.

Notre première étape fut Acachi, jolie ville

de vingt à vingt-cinq mille habitants. L'hôtel où nous descendîmes se composait d'une enfilade de pièces, séparées par de petites cours carrées plantées de trois ou quatre arbres, camélias, pins ou palmiers, tous taillés et entremêlés de petits monuments en pierre. Chaque appartement comprend deux chambres avec salle de bain[1] et autres dépendances. Tout cela est fort propre, élégant même; de petites peintures sur les murs, mais de meubles pas l'ombre. On est donc fort embarrassé quand on n'a pas, comme les indigènes, l'habitude de s'asseoir sur les talons.

Le plancher est partout recouvert de nattes très-fines : pour dormir, on s'étend dessus en s'enveloppant d'épaisses couvertures ouatées qu'on nomme phétons; pendant le jour on les roule et on les serre dans un placard ménagé à cet effet dans la paroi du mur et dissimulé par une porte à coulisse. Ces couvertures présentent une particularité assez singulière : elles sont taillées en forme de robe de chambre avec manches, de sorte que si, pendant le sommeil, il

---

[1] Les baignoires sont de petits tonneaux verticaux où l'on se tient debout.

survient quelque alerte, un incendie ou un tremblement de terre par exemple, on trouve dans la couverture un vêtement prêt, avec lequel tout bon Japonais peut très-convenablement affronter le froid de la nuit.

Le dîner nous fut servi sur des tables laquées, hautes de dix centimètres, par deux jolies petites Japonaises, qui ne nous présentaient nos assiettes qu'à genoux. Chaque hôtel possède ainsi pour servir les voyageurs deux ou trois jeunes personnes au regard avenant et des plus accortes. Elles portent comme insigne professionnel une large ceinture de crêpe rouge par-dessus leur petite robe. Cet ornement est breveté comme autrefois la ceinture dorée chez nous, mais pas plus au Japon qu'en France avec garantie du gouvernement, et je crois qu'on pourrait aussi appliquer à l'autre hémisphère notre proverbe : « Bonne renommée vaut mieux que ceinture rouge ou dorée. »

Kataoka dîna avec nous de fort bon appétit. Avant de nous rouler dans nos phétons, nous fîmes une partie de whist. Kataoka nous considérait d'un air entendu. « Savez-vous jouer? lui demanda l'un de nous. — Un peu, répondit-il, mais pas très-bien. » On lui montre un trois de cœur; il le prend pour un valet de carreau. La plupart des Japonais ont la même confiance en eux que Kataoka, ce qui les pousse à se lancer dans des entreprises quelquefois au-dessus de leurs forces. Ils ne les mènent pas souvent à bonne fin, mais cet esprit d'audace n'en produit pas moins des résultats avantageux à la transformation de leur pays.

Le lendemain, à six heures et demie, Kataoka nous réveilla, et nous remontâmes dans nos djinrikichas. Nous abandonnâmes la mer que nous avions longée la veille sur une route bordée de bois de pins, et nous nous enfonçâmes dans l'intérieur des terres. La campagne que nous traversions est extrêmement riche et bien cultivée; les villages s'y touchent les uns les autres. Après la récolte de riz, dont le produit revient presque tout entier au gouvernement, qui lors de la dernière révolution s'est substitué aux seigneurs féodaux, le paysan peut, sur le même terrain, obtenir encore une et quelquefois deux récoltes; cela suffit à faire vivre une population agricole nombreuse, mais très-sobre, il faut le dire. La misère semble inconnue à ces braves gens qui ont si peu de besoins.

L'hôtel où nous déjeunâmes, à Kakougaraa, ressemblait à celui d'Acachi. Cependant, pour avoir la clientèle des nombreux voyageurs européens que la mine d'Ikouno attire dans le pays, on y a fait les frais d'une table et de deux bancs. Nous eûmes donc le plaisir de manger assis, ce qui est incontestablement très-favorable à la digestion.

Imedgi, où nous devions passer la nuit, était, avant le 93 japonais, la résidence d'un seigneur important; la tour de son château domine encore la ville au fond de la vallée. Les rues sont larges et spacieuses; c'est une place de commerce importante, qui compte environ trente mille âmes. La principale industrie consiste dans la fabrication des cuirs maroquinés et leur imitation avec le papier. On en fait des coffrets, des meubles, des blagues à tabac. Tout cela est fort joli, mais horriblement cher.

De retour à l'hôtel, j'allai, avant de dîner, faire un petit tour aux cuisines. Le fourneau en brique occupe le milieu de la pièce, comme dans les laboratoires de nos grands restaurants.

Il y a tout autour plus de femmes que dans les cuisines chinoises, où l'on n'emploie guère que des hommes. Les plats japonais ressemblent beaucoup à ceux des Chinois. Nous vivions, du reste, à l'européenne et étions suivis d'un maître queux fort expert. Il nous donna à goûter d'une sauce indigène très-appréciable, appelée choïa, et qui sert à assaisonner différents mets; elle rappelle certaines sauces anglaises et faisait très-bien surtout avec un poisson fendu par le milieu, simplement grillé sur des charbons ardents et saupoudré de gros sel.

Les cuisinières attisent le feu avec deux bâtonnets de fer d'un mètre de long, qui remplacent les pincettes et qu'elles manient fort adroitement de leurs mains mignonnes. Les bâtonnets tiennent lieu de fourchettes, de cuillers, etc., etc. On les emploie à tout, même à écumer le pot-au-feu. Il va sans dire qu'on ne les tient pas, un dans chaque main, comme on le croit généralement en France, mais bien tous les deux dans la même, de telle sorte que leurs extrémités appuyant l'une contre l'autre forment pince.

A notre troisième journée de marche, nous devions pénétrer dans les montagnes et abandonner nos djinrikichas pour un autre mode de transport. Kataoka nous avait retenu des norimons, la veille, au gouvernement. Ces palanquins japonais se composent d'une boîte carrée de soixante centimètres de large sur quatre-vingts de long et autant de haut, suspendue à un bambou que deux ou quatre hommes placent sur leurs épaules. Il faut être Japonais et avoir acquis dès l'enfance une souplesse toute spéciale pour arriver à tenir dans ces instruments de supplice. La cage illustrée par le cardinal de la Ballue était certainement plus spacieuse, sans quoi il n'eût pu supporter aussi longtemps qu'il le fit une semblable torture. Cet appareil, réduit à sa plus simple expression, se compose d'un petit rond de rotin, grand comme un plat et fixé par deux montants à quatre-vingts centimètres au-dessous d'un bambou horizontal. Ces singes de Japonais trouvent moyen de s'installer et de voyager sur ce perchoir d'écureuil.

Nos porteurs ne vont pas vite, et si je ne peux tenir dans mon équipage, il me sera du moins possible de faire une partie de la route à pied sans être trop en retard.

Mes compagnons de voyage s'installent tant bien que mal dans les leurs, et Kataoka parvient à se pelotonner dans sa boîte de façon à s'y trouver parfaitement à l'aise. Il a même de la place de reste, et me fait de profonds saluts quand je passe auprès de lui.

A une montée, las de tirer la jambe, j'essaye enfin de m'introduire dans ma norimon. Au bout de quelques instants, le tassement se fait, et j'y puis demeurer sans trop de fatigue.

Grâce à Kataoka, de nouveaux porteurs sont prêts, et nous attendent à chaque relais, c'est-à-dire tous les dix ou douze kilomètres.

Nous arrivons ainsi à Iokata, où l'on doit faire halte pour déjeuner. Élégant hôtel, jolies ferrures ciselées reliant les poutrelles de l'établissement; gracieuses moussemés[1], grands honneurs rendus à Kataoka, qui est, paraît-il, le rejeton d'une famille distinguée du pays.

---

[1] Demoiselles.

Après le déjeuner, M. Mouchez a l'amabilité de m'offrir sa norimon particulière, un peu plus vaste et plus confortable que celles de louage.

La route à partir de Iokata est des plus pittoresques. Elle suit le fond d'un ravin dont les pentes sont couvertes d'arbres verts et qui s'élargit de temps en temps, laissant alors apercevoir des champs merveilleusement travaillés, avec le soin que savent y apporter ces Japonais, pour qui toute culture est un jardinage.

On étonnerait bien les laboureurs français en leur apprenant que là le blé se cultive comme les radis, et que chaque tige est plantée et repiquée avec plus d'amour que nos maraîchers n'en mettent à soigner leurs laitues.

L'arrosage qu'on leur prodigue est malheureusement pour les nez européens un des défauts de ce joli pays. Il répand une odeur *sui generis* qui gâte les plus beaux points de vue.

A huit heures du soir, nous atteignons Ikouno : là, je reçois le plus gracieux accueil de madame Mouchez, dont le charme contraste avec la sévérité de ce séjour.

Je fais grâce au lecteur de la description technique de la mine. Il suffira de savoir qu'elle rapporte, bon an mal an, au gouvernement japonais huit millions en lingots d'or et en cuivre.

Ikouno est situé au sommet de la chaîne de montagnes qui sépare la mer de Chine de la Mer Intérieure. Aussi y fait-il très-froid.

On me mena visiter une cascade très-pittoresque en été, et qui n'était, quand je la vis, qu'un bloc de glace. Néanmoins, le sol du Japon est si privilégié que tout autour de ces glaces poussaient des bambous et des camélias. Au nord, aussi bien que sur le flanc de la montagne exposé au midi, c'étaient des forêts d'azalées roses et blanches. Les bourgeons commençaient à poindre. Les sommets le plus élevés ont environ mille mètres de haut, et la maison que nous occupions était à six cents mètres au-dessus du niveau de la mer.

Dans une des promenades que je fis aux environs, je rencontrai un chasseur du pays qui, le fusil sur l'épaule et la mèche allumée, n'attendait que le gibier. Je lui demandai de nous montrer son fusil. — Voulez-vous le vendre? lui dis-je. — Oui. — Combien? — Trente-deux francs. — Marché conclu!

Pour décharger son arme avant de me la remettre, il en appuya la petite crosse à sa joue, il poussa un ressort, la mèche s'abattit dans le bassinet, et le projectile alla se loger à quarante pas de là, dans un arbre gros comme le bras. Mon bonhomme chassait le faisan à balles et ne devait pas être maladroit pour arriver à pourvoir ainsi son garde-manger.

Le lendemain, le bruit de mon acquisition s'étant répandu, on venait m'offrir des fusils, de quoi armer toute une compagnie. Quelques-uns étaient plus beaux que le mien, mais ils n'avaient pas pour moi le mérite d'originalité de ma première trouvaille.

La maison du directeur japonais de la mine, M. Asakoura ou Asakoura-San, comme on dit au Japon, est très-élégante et remplie de ces bibelots, vases, étagères, boules de cristal, dont le plus élevé n'a pas un mètre de haut. De belles peaux de tigre cachent en partie les nattes, qui pourtant sont de la plus grande finesse.

Pendant que nous causons, madame Asakoura vient nous offrir une tasse de thé. Servir le thé aux étrangers est une des trois seules choses que sache faire une Japonaise de qualité. Ses deux autres talents consistent à danser et à chanter en s'accompagnant sur le samichen, espèce de guitare à trois cordes. Quelques femmes, dont l'éducation est très-soignée, jouent, en outre, d'une sorte de harpe appelée koto, ou encore d'un petit tambourin. Là se borne toute leur science. Ce ne sont donc pas des bas-bleus, et pourtant elles seraient parfaitement incapables de recoudre les boutons des vêtements de leurs maris, si les boutons étaient connus au Japon.

Je profitai, pour partir, d'un convoi escortant 120,000 francs en lingots, que la mine envoyait à Osaka, où les Japonais ont établi leur hôtel des monnaies.

D'Osaka, j'allai visiter Kioto, où un Français, qui est à la tête d'une école japonaise, M. Dury, m'offrait l'hospitalité. Son établissement est installé dans un temple, en compagnie des bonzes, qui en occupent encore une partie, mais où l'appartement de l'abbé lui est réservé; son salon se distingue par le luxe des boiseries, des panneaux couverts de dessins sur fond d'or, des laques et des ornements de bronze, ce qui en fait une pièce des plus élégantes. Les temples sont, avec l'ancien palais du Micado, ce qu'il y a de plus remarquable à Kioto. Le premier que j'ai visité porte le nom de Chioïn. Le supérieur des bonzes qui y résident doit toujours être un Mia ou proche parent du Micado; aussi son logement est-il digne de cette haute parenté. Il communique avec le temple par une galerie couverte en bois, semblable aux cloîtres de nos anciennes abbayes. L'édifice se compose de plusieurs salles, dont la principale a deux cents mètres carrés de superficie. Le plafond à compartiments repose sur des colonnes de bois poli et laqué.

C'est dans ce temple que se trouvent les appartements du fameux Tai-ko-sama, dont nous avons parlé plus haut, et qui vivait il y a un peu plus de deux cents ans. On montre la baignoire dont il se servait, sa chambre à coucher, la pièce où il recevait ses officiers, etc. Le jardin, encore tel qu'il était au temps du grand Tai-koun, est orné de petits ponts en pierre, de cascades, d'arbres taillés et de bassins où nagent des poissons rouges d'un pied de long.

Dans un temple des environs, on me raconta

qu'à l'époque de la fête, qui a lieu au mois de juillet, on couvre le sommet d'une montagne voisine de bandes de soie blanche, pour simuler l'aspect de la neige.

Je fis aussi, à douze kilomètres de Kioto, l'excursion du lac de Biva, qui tire son nom d'une espèce de guitare dont il offre la forme. C'est un lac qui se respecte : montagnes obligées tout autour, beaux arbres qui se reflètent dans ses eaux, quelques temples épars çà et là (en Suisse, ce seraient des chalets); enfin le programme est rempli, et le voyageur n'a pas à se plaindre que la nature ne tienne pas les promesses de ceux qui lui ont conseillé l'excursion; il y a même un hôtel avec de nombreux cabinets de société, à l'instar de tous les schweizerhofs.

De retour à Kioto, je recommençai mes visites dans les temples; j'allai voir, entre autres, celui des trois cent trente-trois mille trois cent trente-trois idoles. S'il n'en possède pas ce nombre exact, il en approche beaucoup : parmi ces idoles, il y en a plus de cent qui sont de grandeur naturelle, en bois doré, ayant chacune quatre ou cinq têtes et huit ou dix bras.

En parcourant le quartier des maisons de thé, je vis deux jeunes gens qui venaient de terminer un joyeux festin dans une salle donnant sur une pièce d'eau; ils achevaient cette partie fine par une promenade en bateau, avec des chanteuses ou guechas, qui s'accompagnaient sur le samichen et le tambourin.

Kioto est le Lyon du Japon pour la fabrication des soieries, mais, depuis la chute des daïmios, cette industrie, qui vivait de leur luxe, est bien tombée. Les draps, les cotonnades étrangères et surtout anglaises, tendent de plus en plus à se substituer aux soieries indigènes. Ce n'est pas sans l'arrière-pensée d'écouler leurs produits que les Anglais poussent les Japonais à renoncer à leur costume national, au grand détriment du pittoresque. Ils leur persuadent également qu'un peuple qui ne mange pas de beefsteaks ne saurait occuper qu'un rang très-inférieur dans l'échelle de l'humanité, ils les engagent à créer des établissements pour l'élève des bêtes à cornes et s'en font nommer directeurs avec de gros appointements.

Les fabricants de soie de Kioto forment une

véritable corporation, semblable à celles qui florissaient autrefois en France. Le nombre des patrons et des ouvriers est limité. La corporation a sa maison où les membres se réunissent; elle est ornée de pièces de soie tissées en présence des grands personnages ses protecteurs, qui ont visité les fabriques. On y fait reproduire dans le tissu, en leur présence, quelques caractères tracés par leur auguste pinceau, de même que chez nous, lorsqu'un prince visitait une manufacture et qu'il mettait sa main à une pièce d'étoffe, elle se déroulait aussitôt du métier avec son nom ou son portrait.

Quoi qu'il en soit, les règlements qui sont censés protéger la corporation, ont eu au Japon, comme en Europe, le résultat de rendre stationnaire la fabrication de la soie; l'industrie japonaise ne pourra lutter avec la nôtre que lorsqu'elle se sera retrempée dans le système de la libre concurrence, quitte à revenir à la réglementation, quand les abus, dont le temps se sert pour saper toutes les institutions, auront rendu nécessaire un nouveau changement.

Kioto est un des points où l'on trouve à acheter le plus de bibelots et de curiosités. Les

Cougais, presque réduits à la mendicité par la révolution de 1868, se défont, pour vivre, de tous leurs costumes, armes et objets d'art. Mais on éprouve un certain serrement de cœur à aller faire le juif chez ces victimes toujours intéressantes de la politique.

XIV.

LES GROTTES DE QUOUIDA.

Notre bonne étoile nous fit nous embarquer pour Penang sur un affreux bateau chinois, dont la principale cargaison consistait en coolis à destination des colonies anglaises; car les fils d'Albion, malgré l'indignation dont ils poursuivent les Espagnols qui envoient des coolis dans leur île de Cuba, admettent parfaitement pour leur propre compte ces sortes de « contrats », où figurent parfois les plus iniques stipulations.

Ce bateau à vapeur, où se trouvaient pourtant quelques cabines pour les Européens, était bien le navire le moins confortable qu'on pût rêver, et le moins approprié à notre innocent goût de la propreté. La saleté chinoise y régnait en maîtresse, et quelle cuisine! moitié chinoise, moitié malaise. Seuls, les couteaux et les fourchettes avaient vaguement la forme européenne, encore n'était-ce qu'une simple apparence, car je ne crois pas qu'on en puisse trouver d'aussi désargentées sur tout le continent; avec cela, leurs dents gardaient les traces du menu de la veille et même de celui de l'avant-veille.

La bonne chance que nous avions eue ne consistait donc pas précisément dans le charme que présentait le séjour à bord de ce bateau, mais bien dans l'heureuse rencontre que nous y fîmes. Nous nous trouvions avoir pour compagnons de route le radjah ou sultan de Quouida et son frère, le prince ou tunkou Youseph. Tous deux revenaient de Bangkock, où ils étaient allés assister au couronnement du jeune roi de Siam. Le tunkou savait quelques mots d'anglais : la connaissance fut vite faite, il s'éprit même de nous et nous engagea à l'aller voir à Quouida. L'invitation nous semblait légèrement gasconne; car il n'était là que chez son frère, qui, plus soucieux de sa dignité ou moins communicatif, se montrait peu et demeurait presque continuellement enfermé dans sa cabine. Toutefois, il nous confirma, avant de nous séparer, l'invitation de son frère : tous les arrangements furent pris alors, et il fut convenu qu'après avoir séjourné deux jours à Penang, nous nous mettrions en route pour la capitale du radjah.

Ce prince est le plus puissant de la péninsule de Malaca : il reçoit pour l'île du Prince de Galles et le petit territoire de Wellesley, situé en face sur ses États et occupé par les Anglais, la somme de cinquante-cinq mille francs qui lui est payée chaque année par le gouvernement de la Reine. Il compte ainsi, dans une certaine mesure, la Grande-Bretagne parmi ses tributaires. C'est un musulman des plus orthodoxes, et il ne se commet jamais, à vrai dire, avec les chrétiens : ce qui ne l'empêche pas, d'ailleurs, d'opérer des réformes et des améliorations dans ses États. Mais les Anglais trouvent qu'il ne marche pas assez vite et cherchent à faire passer toute l'influence sur la tête du radjah de Johore, voisin de Singapoor, qui est tout à fait devenu leur homme lige. Ce dernier parle fort bien l'anglais; il a vécu à Londres, où il était un des lions de la fashion, et la Reine l'a nommé maha-radjah, titre qui le place au-dessus des autres radjahs. Mais les populations conservent toujours un plus grand respect envers celui de Quouida.

Nous avions donc deux jours pour visiter Penang. Les splendides paysages qui l'environnent, la chute d'eau, les jolis bains de l'hôtel d'Alexandra, sont connus des touristes anglais, car les paquebots de la Compagnie péninsulaire s'arrêtent à Penang; mais tout cela est à peu près ignoré des voyageurs français. Les messageries maritimes que nous prenons de préférence et qui, grâce à la supériorité de leur service, accaparent même un grand nombre de passagers anglais, ne s'arrêtent point à Penang.

Toute l'île est sillonnée de belles routes; à la vue de ces jolies maisons, de ces jardins si coquets, on admire une fois de plus le génie colonisateur des Anglais, leur art à transformer une contrée et à lui donner en peu de temps, par l'introduction des mœurs de la mère patrie, une physionomie tout anglaise. L'air national est rendu plus frappant encore par la rencontre de ces nombreux colons, avec leurs femmes et leurs enfants qui se réunissent, se fréquentent et savent s'amuser entre eux comme en Angleterre. Il ne paraît guère croyable en France qu'un bal du gouvernement de Penang ou du club de cette ville de l'archipel malais, dont le nom est presque inconnu de nos compatriotes, puisse réunir jusqu'à soixante femmes très-élégantes. A Saïgon, à peine en pourrait-on rassembler tout au plus douze ou quinze.

L'art avec lequel les Anglais arrivent à faire revivre leur *home* au loin est un trait du génie national. Anglais et Français, nous aimons d'un égal amour la patrie, mais ce sentiment n'agit pas sur eux et sur nous de la même manière : il pousse les premiers à reproduire partout où ils se trouvent l'image de leur pays, pour vivre comme s'ils ne l'avaient pas quitté; il fait que nous ne nous résignons à nous éloigner du nôtre qu'à la dernière extrémité, et jamais sans esprit de retour; c'est surtout chez les femmes que cette répugnance est la plus vive.

En rentrant de notre promenade dans l'île, nous trouvâmes à l'hôtel un billet ainsi conçu : « Le départ est pour demain matin, les éléphants sont prêts. » On devine l'effet magique que ces quatre derniers mots produisirent sur nous.

J'avais, en Mongolie, enfourché des chameaux, j'avais traversé en palanquin la Grande Muraille, et je m'étais ployé en quatre pour entrer dans un congo ou une norimon japonaise, mais il me manquait encore d'être initié à l'éléphant.

Une chaloupe à vapeur devait nous prendre à Penang et nous transporter en sept heures à Quouida. Pendant la première partie de la traversée du détroit qui sépare l'île de la terre ferme, où se trouvent les États de notre hôte, rien de particulier, si ce n'est la nécessité où nous sommes de déjeuner avec nos doigts. Notre guide était Anglais de naissance; mais, depuis son mariage avec une Malaise, qui l'accompagnait, et son inféodation au radjah, il avait, je crois bien, adopté aussi les mœurs du pays : il jugeait les couverts un luxe inutile. Je sais assez bien manger à la chinoise avec des bâtonnets, mais j'avoue que cela m'a toujours paru la plus grande simplification que l'on puisse apporter au couvert; je trouvai donc d'un fâcheux augure pour le reste du voyage d'être obligé, dès le début, de dépecer un canard et de manger du kurry avec les dix doigts. J'enviai la grande habileté que déployait dans cette circonstance le couple hétéroclite qui nous faisait les honneurs du repas.

Pendant la dernière heure de la traversée on remonte la rivière, peuplée de caïmans. Des singes de toute espèce et des oiseaux au riche plumage venaient jusque sur les arbres du bord. J'avais mon fusil, et je m'exerçai surtout contre les caïmans. Rien n'est plus amusant que les pirouettes de ces animaux, lorsqu'ils reçoivent une balle : ils font un saut de carpe en montrant leur ventre jaune; puis, ouvrant leur gueule armée de dents aiguës, ils retombent dans l'eau, où ils disparaissent. Des troupes de singes se donnaient rendez-vous sur les hauts arbres, dominant la jungle et hors de portée.

Nous trouvâmes, en arrivant à Quouida, une foule immense rassemblée sur le rivage. La présence des voitures du radjah qui nous attendaient avait signalé l'arrivée de personnages d'importance. Le vizir lui-même était là pour nous recevoir.

Il nous fit monter dans une charmante victoria attelée de beaux chevaux de Calcutta et conduite par le plus brillant cocher qui soit jamais monté sur un siége : c'était un Hindou des plus foncés, avec une belle barbe noire; son costume consistait en une robe de satin violet, chamarrée de broderies, avec une écharpe de mille couleurs, un large pantalon rose et un turban de brocart d'or, de la grosseur d'une barrique. Deux saïs, moins richement vêtus, tenaient les chevaux par la bride, les suivant au galop ou montant derrière la voiture, quand leur allure était trop rapide.

Cet équipage nous conduisit à une jolie villa, que le radjah a fait construire, il y a quelques années, pour ses hôtes de distinction. Elle a été meublée en l'honneur du roi de Siam, lorsqu'il vint visiter son voisin. Là, les modes orientales disparaissent à peu près et ne sont plus représentées que par le costume éclatant et l'immense turban des serviteurs.

Tous les Malais sont bons musulmans, et plusieurs d'entre eux ont fait le pèlerinage de la Mecque, ce qui les entoure d'une auréole de sainteté. Pour se faire mieux reconnaître, les pieux pèlerins ont coutume de porter un immense turban : ce symbole matériel leur attire toute la vénération due à un mortel assez privilégié pour avoir foulé la terre sainte et visité le tombeau du Prophète. Les radjahs coiffent leurs serviteurs de turbans semblables, pour s'assurer du respect des populations; aussi les indigènes ne manquaient-ils pas de s'accroupir sur le passage de nos voitures : c'est la façon malaise de s'agenouiller.

Au bout de quelques instants, le vizir nous rejoignit, et l'on nous annonça que le dîner nous attendait. Un jeune Anglais demi-sang nous avait été adjoint en qualité d'interprète. Nous goûtâmes du kurry malais, réputé le meilleur du monde entier. Au riz, qui sert de base aux ingrédients dont le mets se compose, on ajoute ce qu'il y a de plus fort en piments et épices de toutes sortes, et, en outre, de petits morceaux de poisson, de poulet, de mouton, de crevettes accommodées à une sauce spéciale, aussi très-épicée; d'autres plats contiennent des tranches de concombres, de pommes de terre, et même d'ananas, à une sauce semblable. Enfin, on passe aux convives un plateau couvert de soucoupes; elles contiennent chacune une épice différente, dont on prend suivant son goût, gros comme une tête d'épingle. Les amateurs piquent dans toutes les soucoupes. Le kurry constitue donc à peu près à lui seul, en Malaisie, tout un dîner, auquel on peut reprocher une certaine monotonie, car toutes ces épices, quelque variées qu'elles soient, ne produisent à la fin d'autre résultat que celui d'emporter la bouche. Le reste du dîner se composait seulement de onze canards rôtis. Détail à noter : le mot dont on se sert pour se porter mutuellement les santés est « salamat »; il doit avoir la même origine que le salamaleck des Arabes.

Le radjah nous avait organisé pour le lendemain une intéressante excursion. Son vizir vint nous prendre de bonne heure avec les voitures, aux brillants cochers, qui nous avaient servi la veille. Elles nous conduisirent d'abord par une belle route de quelques milles à une autre villa, meublée plus luxueusement encore, et aussi en l'honneur du roi de Siam.

Cette habitation est située sur une éminence, d'où l'on aperçoit les immenses plaines couvertes de riz affermées aux Chinois par le radjah. Mais bientôt le vizir nous arrache à ce spectacle pour nous conduire au bateau qui nous attend;

c'est une espèce de pirogue où nous nous asseyons, sur un faux tapis turc, dans une posture qui, elle, est trop réellement turque.

Dix rameurs armés de pagaies, espèces de rames courtes paraissant fort incommodes, nous font glisser lentement sur une étroite rivière, au-dessus de laquelle les arbres forment, en se rejoignant, un dôme de verdure.

Ce petit canal au milieu de la jungle est ravissant. Ici, ce sont des banians dont les innombrables racines, tombant des branches, forment une sorte de colonnade le long de l'eau, où notre léger esquif a peine à trouver un passage; là, des palmiers, plus loin des mimosas, une infinie variété d'arbres, de plantes au feuillage sombre ou vert tendre, qui se mêlent et s'entre-croisent dans l'harmonieux désordre de la nature. A chaque instant, se montre quelque pirogue classique, taillée dans le tronc d'un arbre séculaire, avec ses deux extrémités relevées comme celles d'une gondole. Elle contient un ou deux Malais qui cherchent à attraper leur dîner à la ligne.

On ne rencontrait plus de caïmans, mais seulement des iguanes, animaux plus petits et à la carapace moins épaisse. J'en tuai quelques-uns, ainsi qu'un singe. Il y avait beaucoup de ces derniers; mais les pauvres animaux avaient l'air si heureux dans leurs branches; ils venaient avec tant de confiance boire à nos côtés, suspendus à un arbre par la queue et par une des mains de derrière, tandis qu'ils puisaient de l'eau avec celles de devant, que je n'eus pas le cœur d'en abattre d'autres.

Enfin, après une heure et demie de cette pittoresque traversée, nous arrivâmes à l'endroit où nous attendaient les éléphants. Ces majestueux animaux, leur cornac sur le cou, croquaient tranquillement quelques feuilles de bananiers ramassées avec leur trompe. Il faut leur tirer un peu l'oreille, non pas au figuré, car ils sont très-dociles, mais bien réellement au propre, pour les faire agenouiller; nous nous installâmes deux sur une monture, un de chaque côté de la plate-forme qui tient lieu de selle. Les cinq hommes de notre suite montèrent avec les provisions sur le dernier, qui pourtant était le moins gros des trois; mais partout le monde est le même : malheur aux petits, même chez les éléphants. Je n'insisterai point sur ce genre de promenade, qui est trop connu.

Un soleil ardent, pompant l'eau des rizières, remplissait l'air de l'humidité parfumée des serres chaudes. Autour de nous, nous ne voyions guère que deux tons : le bleu intense du ciel ou le vert un peu uniforme du riz naissant et de cette luxuriante végétation des tropiques qu'aucun automne ne vient jamais nuancer.

Les échassiers que nous dérangions s'enlevaient lourdement pour aller se poser un peu plus loin. La nature était calme, tout semblait étouffé par la chaleur. Les éléphants enfonçaient sans bruit leurs pas pesants dans le sol mou et spongieux de la sente que nous suivions. Ils ne risquent leurs grosses pattes qu'à bon escient, et dans les mauvais endroits, qui sont nombreux, ils s'assurent prudemment avec leur trompe de la solidité du terrain sur lequel ils doivent marcher; aussi ne tombent-ils jamais, fort heureusement pour ceux qu'ils portent.

Leurs larges oreilles, toujours en mouvement, leur servent d'éventails. Ils ne perdent pas leur temps en route : tout en s'avançant gravement, ils cueillent avec leur trompe des touffes de riz, adroitement coupées au ras du sol d'un coup de leur énorme pied, et s'en régalent sans s'arrêter.

Le but de notre excursion était de visiter des grottes situées dans une éminence qu'on appelle la Montagne de l'Éléphant, à cause de sa forme, semblable à l'un de ces animaux agenouillé. Cette élévation, qui se dresse isolée dans la plaine, paraît être la pointe d'une immense fusée, c'est-à-dire, en termes de géologie, l'extrémité d'un jet volcanique. Elle ne se compose pourtant pas de roches éruptives, et doit avoir été creusée à l'intérieur par les eaux qui, à une époque ancienne, sont arrivées à son niveau. Elle est maintenant percée à jour comme une gigantesque éponge. Les parois extérieures sont presque verticales; mais le temps a amassé des dépôts de terre végétale dans les anfractuosités, où l'action puissante du climat des tropiques a fait pousser une végétation vigoureuse qui s'élance pittoresquement de ces rochers à pic.

L'entrée par laquelle nous pénétrâmes dans les grottes est située à mi-côte; nous l'atteignîmes par une sorte d'escalier naturel qui tourne et serpente sous les lianes. Il conduit à un cirque immense entouré d'une muraille de cent pieds de haut, découpée de la manière la plus fantastique.

Les plantes au riche feuillage, qui étalent dans chaque déchirure leur verdure éblouissante, contrastent avec l'éclatante blancheur de la roche. De cette espèce de vestibule, une arcade naturelle donne accès dans les grottes. Cette ouverture laisse apercevoir dans la pénombre, au fond de la première salle, d'énormes stalactites que les siècles ont lentement sculptées. Elles forment tantôt de gigantesques piliers, tantôt une immense dentelle qui sert à les relier entre eux, se repliant, se drapant, et courant d'une pointe de rocher à l'autre.

Notre suite se composait d'une cinquantaine de Malais qui nous éclairaient les uns avec des torches de palmiers, de dix pieds de long, les autres avec de plus petites en résine. Ces hommes au corps de bronze, aux volumineux turbans dorés, à peine couverts de quelques lambeaux d'étoffes jaunes, bleues, violettes ou d'autres couleurs vives, apparaissant tantôt groupés, tantôt dispersés dans l'ombre où brillaient leurs flambeaux, ajoutaient encore à la magie du spectacle. Par l'effet du scintillement de la lumière qui se jouait dans les cristallisations, les guirlandes, les aiguilles, les franges diamantées jetaient ici des lueurs d'un rouge de feu, là des reflets de topaze ou d'émeraude, selon la direction et l'intensité de la flamme qui les éclairait.

Dans certains endroits, la voûte s'élevait à une telle hauteur, et les dimensions de la salle étaient si vastes qu'un navire à toutes voiles aurait pu y évoluer. La lueur des torches n'arrivait pas alors à percer complétement l'obscurité au-dessus de nos têtes, et des parties de rocher blanc apparaissaient çà et là comme des flocons de nuages éclairés par la lune.

A certaines places l'eau a creusé par ses infiltrations des réservoirs autour desquels la matière calcaire, en se déposant sur les bords, forme une sorte de bourrelet; celui-ci, s'étendant peu à peu, donne à ces bassins l'aspect d'une vaste coquille ou d'un immense bénitier bien proportionné aux voûtes de la cathédrale. L'eau qui s'en échappe, se cristallisant encore, forme au-dessous des pendentifs qui ressemblent à de grands poulpes pétrifiés.

Il est impossible de décrire ces merveilles, dont certains dessins de Gustave Doré, parmi les plus extravagants, peuvent seuls donner quelque idée. Encore son crayon hardi paraît-il bien timide et de beaucoup distancé par la nature, quand on voit les grottes de Quouida.

Nous passâmes deux heures dans ce monde souterrain, et nous sommes loin d'avoir tout visité. Au pied de la montagne, sous un petit toit de feuilles de cocotier, le tiffyn, lunch de l'Orient, nous attendait, et nous trouvâmes avec plaisir le champagne de notre hôte. Du champagne! voilà qui manque peut-être un peu de couleur locale. Mais en courant beaucoup le monde, on découvre que cette boisson est encore mieux en harmonie que toute autre avec les différents sites, et qu'elle est surtout bien appropriée aux cuisines chinoise, malaise, japonaise ou birmane.

Nos bons éléphants n'avaient pas bougé, et de nouveau nous les escaladâmes pour retourner. Chemin faisant, nous nous amusâmes beaucoup, en voyant la manière originale dont on s'y prenait pour rassurer un éléphant effrayé. J'avais tiré et abattu un héron de dessus celui qui me portait : c'était un vieux routier, il ne broncha pas. Mais un autre, plus jeune, manifesta à cette détonation la plus grande terreur. Il élevait sa trompe, criait et cherchait à s'enfuir, malgré tous les efforts de son cornac; enfin, ce dernier réussit à le rapprocher du mien. Quand ils furent à portée l'un de l'autre, le plus raisonnable, à un signe de son conducteur, enlaça sa trompe autour de celle de son camarade et se mit à pousser des cris qui me paraissaient aussi lamentables que les siens. C'était tout simplement un mutuel échange de confidences. Lorsque les cornacs jugèrent qu'ils s'en étaient dit assez, ils les séparèrent; tout signe d'inquiétude avait disparu, et les deux éléphants reprirent leur route aussi paisiblement l'un que l'autre.

Quelques jours après, j'eus encore l'occasion d'admirer la sagacité et l'intelligence de ces animaux. A Maulmein, on les emploie dans les grandes scieries de bois de teck, qui forment le principal commerce de ce port. Ils chargent sur leurs défenses, avec leur trompe, des pièces de bois que quarante coolis parviendraient à peine à remuer, puis ils vont les empiler les unes sur les autres, avec tout le soin qu'y pourrait mettre un ouvrier consommé, les poussant avec leur front ou les tournant avec leur trompe jusqu'à ce qu'elles soient placées bien régulièrement. Ce qu'il y a de plus intéressant à voir, ce sont les vieux éléphants qui dressent les jeunes, les initient aux mystères de l'échafaudage du bois et leur apprennent à enlever adroitement les morceaux inutiles.

Le lendemain de notre excursion aux grottes, le radjah, en bon propriétaire, nous envoya visiter sa plantation de café. Il en est fier, à juste titre, et pourra en tirer, lorsqu'elle aura pris l'extension qu'il compte lui donner, un revenu très-considérable. Elle est située dans des terrains en pente, relativement plus secs. Nous y allâmes encore à dos d'éléphant, à travers les rizières qui couvrent la plaine.

A notre retour, la politesse exigeait une visite à notre hôte. Le seul sentiment des convenances nous inspirait, sans aucun mélange de curiosité; car nous savions que nul n'a le droit de pénétrer dans le palais, et, quelque envie que nous en eussions, nous ne pouvions espérer d'en voir l'intérieur. Le radjah nous reçut dans une grande salle assez nue, et le soir même il nous fit reconduire à Pénang, où nous étions très-désireux de nous trouver pour le jour de Noël; nous fîmes le trajet dans un joli petit bateau de quatorze rameurs, à quatre belles voiles, qui filait comme le vent.

XV.

BATAVIA.

La traversée de Singapoor à Batavia ne prend que quelques heures et procure à ceux qui l'exécutent la gloire de franchir l'équateur.

Le bateau des messageries de service sur cette ligne s'offre cette distraction trois fois par semaine, de sorte que tout le personnel du bord est un peu blasé sur ce genre de plaisir et ne le fête par aucune cérémonie extraordinaire. On longe tout le temps, de fort près, les côtes verdoyantes de Sumatra et de quelques petites îles avoisinantes.

L'aspect de Batavia, vu de la mer, n'est pas très-imposant; la côte est basse, il faut, pour débarquer, se transborder sur des chalands plats qui remontent la rivière jusqu'à la douane. Les sévérités du contrôle causent, dès le début, une impression fâcheuse, surtout lorsqu'on arrive des ports de l'Inde ou de la Chine, où ces inutiles tracasseries sont épargnées au voyageur inoffensif.

Il faut que les Hollandais aient une bien grande peur de la révolte de leurs vingt millions de sujets (nombre, il est vrai, très-respectable), pour mettre tant de rigueur à interdire l'importation des armes. Mon arsenal se composait d'un fusil de chasse ordinaire, de l'instrument que j'avais acheté au Japon : c'était une sorte de mousquet, à mèche en forme de pistolet, dont la crosse, aplatie et longue de quinze centimètres, s'applique à la joue; je possédais, en outre, deux arcs chinois, avec leurs carquois munis de flèches. Tout cela fut considéré comme pouvant, au besoin, servir à armer les Javanais contre leurs maîtres, et gardé en consigne pour m'être rendu seulement à mon départ.

On va du port à la ville par une longue route d'une demi-heure, longeant le canal, bordée de villas et sur laquelle courent les rails d'un tramway.

Le principal hôtel, celui des Indes, où je descendis, se compose, comme tous ceux de ces pays, d'un ensemble de maisons à un étage, avec vérandas, salle à manger pavée de marbre, jardins immenses et cours plantées de palmiers ou autres arbres tropicaux.

Batavia couvre une très-grande étendue de terrain. Chaque maison, qui n'a que le rez-de-chaussée, s'élève au milieu d'un joli jardin entouré d'une grille. La ville possède deux cercles, superbes constructions, formées de salles grandes et petites séparées entre elles par des portiques : le tout richement pavé de marbres blancs et orné de sculptures.

Les Européens ne sortent de chez eux qu'à la fin de la journée, beaucoup font la sieste jusque vers les quatre heures. Bien que certaines parties de l'île soient assez malsaines, le climat de Java, pour un pays des tropiques, est vraiment privilégié; la température y est constante presque toute l'année. Des pluies un peu plus fréquentes distinguent seules la saison chaude de la froide. Mais il n'y a jamais, pendant le jour, beaucoup plus de trente-trois degrés, et il est agréable de sortir à partir de cinq heures.

Batavia est, de tout l'extrême Orient, le

point où les Européennes entendent le mieux leur costume, au point de vue de la chaleur; elles le réduisent le plus souvent à une sorte de jupon nommé sarron, dans lequel elles s'enroulent, et à une camisole de fine percale blanche, appelée cabaille, descendant jusqu'aux genoux; elles chaussent de babouches leurs pieds nus, et laissent leurs magnifiques cheveux blonds flotter librement sur leurs épaules.

C'est dans ce costume que demeurent tout le jour des femmes qui, par leur grâce, leur distinction, leur éducation et leur habitude du monde, ne seraient pas déplacées dans nos salons d'Europe. Mais, le soir, elles reprennent les toilettes de la mère patrie. A ce moment, les habitants de chaque maison se réunissent sur la galerie ouverte qui forme une sorte de portique avancé. Un lustre à dix becs de gaz éclaire ces différents groupes qui, aperçus de la rue à travers le feuillage, produisent l'effet le plus charmant.

Les familles sont fort nombreuses; les Hollandaises surpassent les Anglaises en fécondité; il est fréquent de leur voir de huit à dix enfants.

Le costume des indigènes est des plus primitifs; ils circulent aussi peu vêtus que les Cochinchinois, ayant pour tout habillement le pagne aux couleurs voyantes, qu'ils affectionnent par-dessus tout. Ils se distinguent en cela des Chinois, qui ne portent que des étoffes aux nuances indécises, bleues, grises, ou d'un tissu marron imperméable; à Java, comme dans le sud de la Chine, ceux qui travaillent se contentent d'un simple pantalon.

La civilisation javanaise semble dériver de l'Inde plutôt que de la Chine; l'écriture est empruntée aux Arabes.

Le système de colonisation des Hollandais, décrit déjà bien souvent, est parfait dans son genre, mais il diffère entièrement de celui pratiqué par les Anglais, leurs voisins.

Les uns et les autres ont respecté l'organisation indigène, et leur commune politique consiste à maintenir la paix entre tous les principicules, auxquels ils ont conservé leurs pouvoirs. Mais les Anglais font tous leurs efforts pour développer chez les indigènes les besoins de toutes sortes et principalement la consommation des produits manufacturés anglais; c'est sur les bénéfices de ce commerce que reposent les avantages de la possession pour la mère patrie. Les Hollandais, n'étant pas un peuple industriel, ne pourraient tirer le même parti de leur colonie; aussi l'exploitent-ils plutôt à la manière d'une ferme. Ils se montrent d'ailleurs excellents fermiers, et gèrent, comme le prescrit notre Code civil, en bons pères de famille.

Le café est le principal objet de leur sollicitude. Tous les pieds du précieux arbuste sont comptés, et la récolte ne peut être vendue qu'au gouvernement, qui fixe lui-même le prix d'achat bien au-dessous de celui auquel il doit livrer ensuite les produits.

De Batavia, un petit chemin de fer conduit, en trois heures, à Buitenzorg, séjour du vice-roi. Cette résidence est située dans un endroit assez élevé pour que le climat y soit relativement sain à des Européens. Elle est entourée d'un magnifique parc, où deux cent cinquante jardiniers cultivent des spécimens de toutes les plantes tropicales connues.

L'île est traversée par une route construite au temps où la Hollande était française et où

Java était administrée par le général Dentzel, à qui Napoléon avait confié cette charge.

Le gouverneur hollandais qui s'y trouvait à l'époque de mon voyage, était M. Loudon. Il voulut bien mettre la poste à ma disposition pour me rendre, avec un compagnon de route, à Sindanglaya, au pied du Pangerangon, montagne sur laquelle on retrouve la flore des Alpes et une fraîcheur bienfaisante.

Le voyage se fit dans une bonne berline, traînée par quatre chevaux nerveux qui, dans les descentes, nous entraînaient à toute vitesse. Aux montées on leur adjoignait des buffles, appelés carbos dans le pays. Des relais de ces animaux attendent les voitures aux passages difficiles; on en attelle parfois jusqu'à huit, deux à deux, les uns derrière les autres.

Nous passâmes une nuit à Sindanglaya; pour nous distraire, on nous servit le soir une demi-douzaine de bayadères (*topeng*). Ces ballerines se drapaient gracieusement, dans leurs écharpes de soie, de pourpre et d'or. Elles avaient les bras et les chevilles chargés de bracelets à clochettes d'argent. Un étroit sarron à raies multicolores leur serrait les hanches, en laissant nu le bas de la jambe.

La gaze du corsage permettait d'entrevoir au-dessous d'une courte brassière, couvrant seulement la poitrine, leur taille souple et bronzée. Les reflets cuivrés de leur peau lisse se mêlaient aux scintillements des paillettes de leurs ceintures.

Les sons discordants d'un orchestre d'instruments à une ou deux cordes et de tam-tams bruyants marquaient la mesure; elles dansaient en s'accompagnant de chants bizarres, et tournaient lentement sur elles-mêmes en faisant des ronds de bras.

La scène se passait sous une veranda de la résidence, avec la jungle comme toile de fond : la lueur vacillante des torches achevait de donner à ce spectacle un aspect étrange et fantastique.

La soirée se termina en mangeant quelques friandises avec nos belles danseuses, dont l'amabilité et la bonne volonté à tous égards ne connurent plus de bornes.

A mon retour à Buitenzorg, je partageai l'hospitalité princière du gouverneur avec M. Micklouko, un savant russe qui, par dévouement à l'ethnographie, venait de passer chez les Papous six mois, pendant lesquels il s'attendait chaque jour à être mangé par les hôtes dont il étudiait les mœurs. Il était justement fier de cet exploit et des résultats importants qu'il avait obtenus.

Je quittai peu de temps après cette terre hospitalière, et me rembarquai à Batavia pour Singapoor, d'où je rentrai en France par les Indes.

APPENDICE

Il nous a paru assez intéressant de mettre sous les yeux du lecteur quelques extraits de la traduction des classiques militaires chinois, qui fut faite, au siècle dernier, par le P. Amiot[1].

[1] Le P. Amiot, savant Jésuite du dix-huitième siècle, a été le créateur de la sinologie, comme Champollion le fut un demi-siècle plus tard de l'égyptologie. — C'est lui, on peut le dire, qui a révélé la Chine à l'Europe. Envoyé d'abord en mission à Macao, où il arriva en 1750, il avait été appelé presque immédiatement par Khian-loung à la cour de Pékin (1751). C'est dans cette ville qu'il passa les quarante dernières années de sa vie, et qu'il mourut en 1794. Ses vastes connaissances scientifiques l'avaient mis en grande faveur auprès de l'empereur lettré, dont il traduisit en français plusieurs des œuvres poétiques, en autres l'*Éloge de la ville de Moukden* : l'original du poème mandchou se trouve à la Bibliothèque nationale.
Outre l'*Art militaire des Chinois*, le P. Amiot est l'auteur d'une *Vie de Confucius*, la plus exacte que l'on possède encore aujourd'hui; d'un *Dictionnaire tartare-mandchou-français*, composé d'après un dictionnaire mandchou-chinois; d'une curieuse étude sur la *musique chinoise;* enfin de nombreux mémoires pour servir à l'histoire de la Chine. Il paraît même que le docte et spirituel missionnaire s'était donné le plaisir de traduire en mandchou les *Fables de la Fontaine*. Jamais, certes, notre fabuliste n'avait rêvé pareil honneur pour son œuvre, même en écrivant le *Songe d'un habitant du Mongol*. Avis aux bibliophiles en quête de raretés littéraires!

On y verra comment le métier des armes était compris en Chine à une époque très-ancienne. Outre l'intérêt historique que présentent ces textes, ils donnent une idée assez juste des méthodes d'après lesquelles, aujourd'hui encore, les Chinois font la guerre : on sait que la Chine est le pays classique de l'immobilité. Cette connaissance a donc pour nous, au point de vue pratique, une sérieuse importance. Il est clair que le voisinage de notre colonie de Saïgon et du Tonkin, sans parler des autres causes de conflit, peut, un jour ou l'autre, nous amener à faire de nouveau la guerre à cette nation. Or, on ne connaît jamais trop exactement le fort et le faible de ses adversaires. La science militaire, en ce qui concerne les rapports avec un peuple ennemi, n'a même d'autre précepte à donner que de discerner le point par où il est vulnérable, afin de l'attaquer de ce côté.

On verra, dans ces fragments, avec quelle duplicité les affaires militaires sont conduites en Chine et quel fond nos diplomates peuvent faire sur la parole de mandarins, formés à l'école de Sun-tse, d'Ou-tse et des autres écrivains classiques. Il faut que nos officiers soient bien avertis qu'ils auraient à lutter contre une tactique de mensonge et de perfidie, bien plus que contre des résistances effectives.

Les auteurs des traités chinois traduits par le P. Amiot sont Sun-tse, Ou-tsé et Se-ma. Mais laissons le traducteur les présenter lui-même.

« Le premier de ces ouvrages est le plus estimé de tous : il a été composé par Sun-tse, un des plus vaillants et des plus habiles généraux que la Chine ait eus. Les Chinois font si grand cas de cet ouvrage, qu'ils le regardent comme un chef-d'œuvre en ce genre, comme un vrai modèle et comme un précis de tout ce qu'on peut dire sur l'art des guerriers. Leurs docteurs d'armes (car la milice a ici ses docteurs comme les lettres), leurs docteurs d'armes, dis-je, ne sont parvenus au grade qui les distingue, que parce qu'ils ont su l'expliquer ou en commenter simplement quelques articles, dans l'examen qu'on leur a fait subir avant que de les admettre.

« Le second, composé par Ou-tse, va presque de pair, et n'a pas moins une approbation universelle. Celui qui l'a composé est un héros, dont les brillantes actions sont un des principaux ornements de l'histoire de son temps. Le grand empereur Kang-hi fit traduire, en langue tartare mandchou, l'un et l'autre de ces ouvrages, pour les mettre entre les mains des Tartares, et aujourd'hui même, il n'est personne qui se crût en état d'être à la tête des troupes, s'il ne savait par cœur son Sun-tse et son Ou-tse. Ces deux auteurs, disent les Chinois, sont, dans leur genre, ce que Confucius et Mong-tse sont dans le leur. Ceux-ci forment des philosophes, des hommes vertueux, des sages; ceux-là forment de bons soldats, de grands capitaines, d'excellents généraux.

« Se-ma et les autres qui ont écrit sur l'art militaire ont également leur mérite; ils sont néanmoins d'un rang inférieur, et on peut parvenir à être bachelier et docteur, même dans la science militaire, sans les savoir ou sans les avoir lus. Cependant, quoique ceux qui veulent s'élever par la voie des armes ne soient pas obligés, à la rigueur, de prendre des leçons dans l'ouvrage de Se-ma et dans les autres auteurs du second rang, il est fort rare qu'ils ne les lisent, qu'ils ne les apprennent, et qu'ils ne les sachent, du moins en substance.

« Le livre de Se-ma jouit d'une estime universelle; c'est ce qui m'a déterminé à en donner la traduction, que l'on trouvera après les deux auteurs dont j'ai parlé. » (*Art militaire des Chinois*. Paris, Didot, 1772. *Discours préliminaire*, pages 4 et 5.)

La traduction d'un ouvrage chinois n'est pas aussi aisée que celle d'un livre écrit dans une de nos langues européennes. Le P. Amiot, dans le passage qui suit, signale les difficultés d'une telle entreprise et la manière dont il les a surmontées : « On a un grand avantage, lorsqu'on possède les deux langues, je veux dire la langue chinoise et celle des Tartares Mandchoux. Lorsqu'on ne comprend pas le chinois, on a recours au tartare, et lorsqu'on est embarrassé de trouver le vrai sens dans le tartare, on ouvre le livre chinois; ou, si l'on veut mieux faire, on les a continuellement l'un et l'autre sous les yeux. C'est la conduite que j'ai tenue pendant le cours de mon travail, qui a été de bien des années. Je n'ai pas négligé de consulter les personnes habiles, lorsque je l'ai cru nécessaire. Néanmoins, il est arrivé bien des fois, malgré leurs longues explications, que le secours de leurs lumières ne m'a guère éclairé.

« Tous les hommes ont à peu près les mêmes idées, mais chaque nation a sa manière propre de les développer, toujours conformément à son génie, et conséquemment à la nature de la langue qu'elle parle. Ce qui paraît clair, brillant, pompeux et magnifique chez les unes, est embrouillé et plein d'obscurités, fade et insipide chez les autres. Les Chinois ont cela de particulier, que leur langue ne ressemble en rien à aucune de celles qu'on parle dans le reste du monde, si l'on excepte quelques nations limitrophes, qui probablement leur doivent leur origine. Cette langue singulière, que les Japonais appellent la langue de confusion, ne présente que des difficultés à un Européen, sous quelque point de vue qu'il l'envisage. Les caractères qui sont faits pour exprimer les idées chinoises sont comme ces belles peintures dans lesquelles le commun ou les connaisseurs médiocres ne voient qu'en gros l'objet représenté, ou, tout au plus, une partie des beautés qu'elles renferment, tandis qu'un vrai connaisseur y découvre toutes celles que l'artiste a voulu exprimer.

« La langue tartare, beaucoup plus claire, sans comparaison, méthodique même, comme nos langues d'Europe, a néanmoins aussi ses difficultés. » (*Ibid.*, p. 9 et 10.)

Voici quelle est, d'après une note du P. Amiot, l'organisation intérieure des troupes dans le pays : « Les garnisons chinoises, dit-il, diffèrent des nôtres : 1° en ce que les soldats qui les composent ne sont point ambulants, comme chez nous. Ce n'est point tantôt un régiment, ni tantôt un autre qui garde telle ou telle ville, tel ou tel poste; mais les mêmes soldats demeureront dix ou vingt ans de suite dans un même lieu. 2° Les troupes qui composent la garnison sont dans des lieux séparés du reste des habitants. Elles ont des espèces de casernes, dans l'enceinte desquelles chaque soldat a sa petite maison d'environ dix pieds en carré. Sur le devant de chacune de ces maisons, il y a une petite cour, et par derrière, un petit jardin : la cour et le jardin sont à peu près de la même grandeur que la maison. Il faut qu'il y ait là de quoi loger un soldat, sa femme et ses enfants; car ici les soldats, comme le reste du peuple, sont tous ou presque tous mariés. De plus, ces maisons ne communiquent point les unes aux autres, elles sont séparées par des murailles de la hauteur de six à sept pieds, afin que les familles ne puissent pas voir ce qui se passe les unes chez les autres, ou plutôt afin que les femmes ne soient pas vues dans la liberté de leurs ménages; car ici c'est une espèce de crime à un homme de regarder la femme d'un autre. » (*Ibid.* — *Les Dix Préceptes de Yong-Tcheng*, p. 23.)

Le P. Amiot ne s'occupe ici que des troupes des bannières, formées de Tartares, dont l'organisation, à l'époque où cet écrivain se trouvait à Pékin, moins éloignée du moment de la conquête, était meilleure que maintenant.

APPENDICE.

Les trois notes suivantes contiennent d'assez curieux traits de mœurs :

« Après que les Tartares Mandchoux se furent emparés de la Chine, l'empereur, sans toucher aux terres du peuple, se saisit de toutes celles qui étaient incultes, qui appartenaient aux princes et aux grands, qui avaient constamment suivi le parti des restes de la dynastie qui venait d'être éteinte, et celles aussi de tous ceux qui se trouvèrent atteints de quelque crime auprès du vainqueur. Il en fit comme l'apanage de ceux de sa nation, auxquels il les distribua toutes.

« Les huit bannières, sous lesquelles sont tous les Mandchoux, eurent, par les règlements qui furent faits alors, des fonds de terre déterminés, dont, à proprement parler, elles ne sont que les usufruitières, car le droit d'aliénation ne leur appartient pas. Un particulier pouvait bien vendre les fonds de terre dont il était possesseur, mais seulement à un autre particulier de la même bannière que lui. Malgré cela, les Chinois trouvaient les moyens de s'en rendre peu à peu les maîtres, soit en les achetant sous des noms empruntés, soit en trompant de mille manières ces nouveaux venus, qui n'avaient point encore perdu leur ancienne bonne foi, ni leur sincérité naturelle. Les empereurs de cette dynastie ont fait chacun des règlements pour tâcher de remédier à cet abus; mais il paraît qu'ils n'ont pas eu tout le succès qu'ils avaient droit d'en attendre; l'Empereur régnant a publié un édit, par lequel il permet aux descendants des propriétaires de terres aliénées hors de la bannière de les reprendre, en rendant seulement le prix du premier achat. » (*ibid.*, p. 27.)

« Lorsque quelqu'un est coupable de quelque crime, il est puni, non-seulement dans sa propre personne, mais encore dans celle de sa femme et de ses enfants, qu'on donne pour esclaves à quelques seigneurs, s'ils sont de bonne famille, ou qu'on vend à qui veut les acheter, s'ils sont gens communs. Cette loi, barbare en elle-même, est comme nécessaire ; elle est une espèce de frein qui arrête bien des crimes qui se commettraient sans cela. Ici les hommes ne s'embarrassent pas trop de mourir ; pourvu qu'ils soient enterrés en lieu honorable, et qu'ils laissent des descendants qui les pleurent dans les temps prescrits, ils sont contents. La seule idée qu'ils pourraient être privés de ces honneurs, s'ils étaient sûrs que leurs femmes et leurs enfants ne dussent couler que des jours malheureux, dans une honteuse servitude, les fait frémir, et les empêche de se livrer à certaines passions, qu'ils suivraient aveuglément sans cette crainte. Malgré cela, il ne s'en trouve encore que trop qui se défont eux-mêmes pour se venger de leurs ennemis, ou pour telle autre raison semblable ; mais ce sont des monstres dont on a horreur, et que toute la nature abhorre. Je dis qu'ils se donnent la mort pour se venger de leurs ennemis, parce que, suivant les lois du pays, quand quelqu'un a été trouvé mort, on recherche tous ceux qu'on croit avoir été ses ennemis; on les interroge, on les met à la question, pour savoir d'eux si, par leurs mauvaises manières, ils n'ont pas porté cet homme à une action si détestable. » (*Ibid.*, p. 37.)

« Les Chinois et les Mandchoux, qui sont aujourd'hui dans la Chine, sont peut-être de toutes les nations du monde celles qui, en apparence, ont le plus d'aversion pour le jeu. Un *joueur*, un *homme capable de tous les crimes*, et un *malfaiteur avéré*, sont ici des termes presque synonymes. On ne laisse pas cependant que de jouer, et de jouer même avec fureur. On a fait, en différents temps, des ordonnances très-sévères contre le jeu. Les empereurs de cette dynastie (par une politique semblable à celle d'un de nos rois qui, pour arrêter le cours du luxe qui se répandait en France, permit aux courtisanes seulement ce qu'il défendait aux personnes d'honneur), en défendant rigoureusement le jeu dans toute l'étendue de l'empire, l'ont permis aux porteurs de chaise seulement, gens sans aveu, qui sont dans un mépris général; mais cette politique n'a pas eu tout le succès qu'on s'en était promis. L'empereur régnant n'a excepté personne de la loi commune. » (*Ibid.*, p. 41.)

Outre les ouvrages classiques, le P. Amiot a encore traduit un autre traité, sur lequel il s'exprime en ces termes : « Afin de ne rien omettre de ce qui a été fait pour les militaires de ces contrées, je joins ici la traduction d'un petit livre que Yong-tchen, fils de Kang-hi et père de l'Empereur régnant, a composé autrefois, pour l'instruction des troupes, comme membres de la société civile. Le premier soin d'un empereur de la Chine, c'est de travailler à faire de bons citoyens; il tâche ensuite de faire de bons guerriers. » (*Art militaire des Chinois.* — *Discours préliminaire,* p. 11.)

L'ouvrage de Yong-tchen, bien postérieur aux précédents, puisqu'il date de 1728, est divisé en dix chapitres ou préceptes, qui sont les suivants :

I. *Il faut aimer et respecter ses parents ;*
II. *Il faut honorer et respecter ses aînés ;*
III. *Il faut être en bonne intelligence avec tout le monde ;*
IV. *Il faut instruire ses enfants et ses frères cadets ;*
V. *Il faut cultiver la terre avec soin ;*
VI. *Il faut se rendre habile dans l'exercice de la flèche, tant à pied qu'à cheval ;*
VII. *Il faut user d'économie ;*
VIII. *Il faut s'abstenir du vin et des liqueurs qui enivrent ;*
IX. *Il faut éviter le jeu ;*
X. *Il faut éviter les combats et les querelles.*

SUN-TSE

Avant de donner la traduction du traité de Sun-tse, voici l'histoire, plus ou moins authentique, que reproduit le P. Amiot dans sa *Préface*, et qui est destinée à peindre le caractère du général chinois :

« Avant que d'exposer les ouvrages de Sun-tse, il convient, disent les commentateurs, de faire connaître sa personne, et de donner une idée de ses talents pour former les troupes et pour en entretenir la discipline militaire. Voici en peu de mots comment ils remplissent ce double objet, et l'histoire, vraie ou supposée, qu'ils racontent de ce général.

« Le roi de Ou, ayant des démêlés avec les rois de Tcheou et de Ho-lou, fit venir Sun-tse : — J'ai vu, lui dit-il, l'ouvrage que vous avez composé sur l'art militaire, et j'en ai été content; mais les préceptes que vous donnez me paraissent d'une exécution bien difficile; il y en a même quelques-uns que je crois absolument impraticables. Vous-même pourriez-vous les pratiquer?

« — Prince, répondit Sun-tse, je n'ai rien dit dans mes écrits que je n'aie déjà pratiqué dans mes armées, et je suis en état de le faire pratiquer par qui que ce soit, et de le former aux exercices militaires, quand j'aurai l'autorité pour le faire.

« — Je vous entends, répliqua le roi, vous voulez dire que vous instruirez aisément de vos maximes des hommes intelligents et qui auront déjà la prudence et la valeur en partage; mais le grand nombre n'est pas de cette espèce.

« — N'importe, répondit Sun-tse, j'ai dit qui que ce soit, et je n'excepte personne de ma proposition.

« — A vous entendre, reprit le roi, vous inspireriez,

même à des femmes, les sentiments qui font les guerriers, vous les dresseriez aux exercices des armes.

« — Oui, Prince, répliqua Sun-tse, d'un ton ferme, et je prie Votre Majesté de n'en pas douter.

« Le roi, que les divertissements ordinaires de la cour n'amusaient plus guère, dans les circonstances où il se trouvait alors, profita de cette occasion pour s'en procurer d'un nouveau genre : — Qu'on m'amène ici, dit-il, cent quatre-vingts de mes femmes. Il fut obéi, et les princesses parurent. Parmi elles, il y en avait deux, en particulier, que le roi aimait tendrement; elles furent mises à la tête des autres. — Nous verrons, dit le roi en souriant, nous verrons, Sun-tse, si vous nous tiendrez parole. Je vous constitue général de ces nouvelles troupes. Dans toute l'étendue de mon palais, vous n'avez qu'à choisir le lieu qui vous paraîtra le plus commode pour les exercer aux armes. Quand elles seront suffisamment instruites, vous m'avertirez, et j'irai moi-même pour rendre justice à leur adresse et à votre talent.

« Le général, qui sentit tout le ridicule du personnage qu'on voulait lui faire jouer, ne se déconcerta pas, et parut, au contraire, très-satisfait de l'honneur que lui faisait le roi, non-seulement de lui laisser voir ses femmes, mais encore de les mettre sous sa direction. — Je vous en rendrai bon compte, Sire, lui dit-il d'un ton assuré, et j'espère que dans peu Votre Majesté aura lieu d'être contente de mes services; elle sera convaincue, tout au moins, que Sun-tse n'est pas homme à s'avancer témérairement.

« Le roi s'étant retiré dans un appartement de l'intérieur, le guerrier ne pensa plus qu'à exécuter sa commission. Il demanda des armes et tout l'équipage militaire pour ses soldats de nouvelle création; et en attendant que tout fut prêt, il conduisit sa troupe dans une des cours du palais qui lui parut la plus propre pour son dessein. On ne fut pas longtemps sans lui apporter ce qu'il avait demandé. Sun-tse adressant alors la parole aux princesses : — Vous voilà, leur dit-il, sous ma direction et sous mes ordres; vous devez m'écouter attentivement et m'obéir dans tout ce que je vous commanderai. C'est la première et la plus essentielle des lois militaires; gardez-vous bien de l'enfreindre. Je veux que dès demain vous fassiez l'exercice devant le roi, et je compte que vous vous en acquitterez exactement.

« Après ces mots, il les ceignit du baudrier, leur mit une pique à la main, les partagea en deux bandes et mit à la tête de chacune une des princesses favorites. Cet arrangement étant fait, il commença ses instructions en ces termes : — Distinguez-vous bien votre poitrine d'avec votre dos, et votre main droite d'avec votre main gauche? Répondez. Quelques éclats de rire furent toute la réponse qu'on donna d'abord. Mais comme il gardait son silence et tout son sérieux : — Oui, sans doute, lui répondirent ensuite les dames d'une commune voix. — Cela étant, reprit Sun-tse, retenez bien ce que je vais vous dire. Lorsque le tambour ne frappera qu'un seul coup, vous resterez comme vous vous trouvez actuellement, ne faisant attention qu'à ce qui est devant votre poitrine. Quand le tambour frappera deux coups, il faut vous tourner de façon que votre poitrine soit dans l'endroit où était ci-devant votre main droite. Si, au lieu de deux coups, vous en entendiez trois, il faudrait vous tourner, de sorte que votre poitrine fût précisément dans l'endroit où était auparavant votre main gauche. Mais lorsque le tambour frappera quatre coups, il faut que vous vous tourniez, de façon que votre poitrine se trouve où était votre dos, et votre dos où était votre poitrine.

« Ce que je viens de dire n'est peut-être pas assez clair, je m'explique. Un seul coup de tambour doit vous signifier qu'il ne faut pas changer de contenance, et que vous devez être sur vos gardes; deux coups, que vous devez vous tourner à droite; trois coups, qu'il faut vous tourner à gauche; et quatre coups, que vous devez faire le demi-tour. Je m'explique encore :

« L'ordre que je suivrai est tel : je ferai d'abord frapper un seul coup; à ce signal, vous vous tiendrez prêtes à ce que je dois vous ordonner. Quelques moments après, je ferai frapper deux coups; alors, toutes ensemble, vous vous tournerez à droite avec gravité; après quoi, je ferai frapper, non pas trois coups, mais quatre, et vous achèverez le demi-tour. Je vous ferai reprendre ensuite votre première situation, et, comme auparavant, je ferai frapper un seul coup. Recueillez-vous à ce premier signal. Ensuite, je ferai frapper, non pas deux coups, mais trois, et vous vous tournerez à gauche; aux quatre coups, vous achèverez le demi-tour. Avez-vous bien compris ce que j'ai voulu vous dire? S'il vous reste quelque difficulté, vous n'avez qu'à me la proposer, je tâcherai de vous satisfaire. — Nous sommes au fait, répondirent les dames. — Cela étant, reprit Sun-tse, je vais commencer. N'oubliez pas que le son du tambour vous tient lieu de la voix du général, puisque c'est par lui qu'il vous donne ses ordres.

« Après cette instruction répétée trois fois, Sun-tse rangea de nouveau sa petite armée; après quoi, il fait frapper un coup de tambour. A ce bruit, toutes les dames se mirent à rire; il fait frapper deux coups : elles rirent encore plus fort. Le général, sans perdre son sérieux, leur adressa la parole en ces termes : — Il peut se faire que je ne me sois pas assez clairement expliqué, dans l'instruction que je vous ai donnée. Si cela est, je suis en faute; je vais tâcher de la réparer en vous parlant d'une manière qui soit plus à votre portée. (Et sur-le-champ, il leur répéta jusqu'à trois fois la même leçon, en d'autres termes). Puis nous verrons, ajouta-t-il, si je serai mieux obéi. Il fait frapper un coup de tambour, il en fait frapper deux. A son air grave, et à la vue de l'appareil bizarre où elles se trouvaient, les dames oublièrent qu'il fallait obéir. Après s'être fait quelques moments de violence pour arrêter le rire qui les suffoquait, elles le laissèrent enfin échapper par des éclats immodérés.

« Sun-tse ne se déconcerta point; mais, du même ton dont il leur avait parlé auparavant, il leur dit : — Si je ne m'étais pas bien expliqué, ou que vous ne m'eussiez pas assuré, d'une commune voix, que vous compreniez ce que je voulais vous dire, vous ne seriez point coupables; mais je vous ai parlé clairement, comme vous l'avez avoué vous-mêmes; pourquoi n'avez-vous pas obéi? Vous méritez punition, et une punition militaire. Parmi les gens de guerre, quiconque n'obéit pas aux ordres de son général mérite la mort : vous mourrez donc. Après ce court préambule, Sun-tse ordonna à celles des femmes qui formaient les deux rangs de tuer les deux qui étaient à leur tête. A l'instant, un de ceux qui étaient préposés pour la garde des femmes, voyant bien que le guerrier n'entendait pas raillerie, se détacha pour aller avertir le roi de ce qui se passait.

« Le roi dépêcha quelqu'un vers Sun-tse pour lui défendre de passer outre, et, en particulier, de maltraiter les deux femmes qu'il aimait le plus, et sans lesquelles il ne pouvait vivre.

« Le général écouta avec respect ces paroles qu'on lui apportait de la part du roi; mais il ne déféra pas pour cela à ses volontés. — Allez dire au roi, répondit-il, que Sun-tse le croit trop raisonnable et trop juste pour penser qu'il ait sitôt changé de sentiment, et qu'il veuille véritablement être obéi dans ce que vous venez d'annoncer de sa part. Le prince fait la loi, il ne saurait donner des ordres qui avilissent la dignité dont il m'a revêtu. Il m'a chargé de dresser aux exercices des armes cent quatre-vingts de ses femmes, il m'a constitué leur général; c'est à moi à faire le reste. Elles m'ont désobéi, elles mourront. A peine eût-il prononcé ces derniers mots, qu'il tira son sabre; et du même sang-froid qu'il avait témoigné jusqu'alors, il abat la tête aux deux qui commandaient les autres. Aussitôt, il en met deux autres à leur place, fait battre les différents coups de tambour dont il était convenu avec sa troupe, et, comme si ces femmes eussent fait toute leur vie le métier de la guerre, elles se tournèrent en silence et toujours à propos.

« Sun-tse adressant la parole à l'envoyé : — Allez avertir le roi, lui dit-il, que ses femmes savent faire l'exercice, que je puis les mener à la guerre, leur faire affronter toutes sortes de périls, et les faire passer même au travers de l'eau et du feu. » (*Art militaire des Chinois.* Sun-tse, *Préface,* p. 47-55.)

Sun-tse a divisé son traité en treize articles, qui sont les suivants :

I. *Fondement de l'art militaire ;*
II. *Des commencements de la campagne ;*
III. *De ce qu'il faut avoir prévu avant le combat ;*
IV. *De la contenance des troupes ;*
V. *De l'habilité dans le gouvernement des troupes ;*
VI. *Des véritables ruses ;*
VII. *Des avantages qu'il faut se procurer ;*
VIII. *Des neuf changements ;*
IX. *De la conduite que les troupes doivent tenir ;*
X. *De la connaissance du terrain ;*
XI. *Des neuf sortes de terrain ;*
XII. *Précis de la manière de combattre par le feu*

(il ne s'agit pas, bien entendu, des armes à feu);

XIII. *De la manière d'employer les dissensions et de mettre la discorde.*

Sun-tse estime qu'avant tout un général doit être doublé d'un diplomate ; sur ce point, ses préceptes sont fort bien pratiqués. C'est pourquoi, en Chine, le rhinocéros est, plus que toute bête féroce, le symbole de la guerre ; en effet, quoique beaucoup plus petit que l'éléphant, il parvient cependant à le terrasser et même à le tuer, non par la force, disent les Chinois (car l'éléphant est plus fort que lui), mais par la valeur et la ruse. En cela, ajoutent-ils, il est le véritable emblème du bon guerrier.

DE CE QU'IL FAUT AVOIR PRÉVU AVANT LE COMBAT.

« ...Sans donner de batailles, dit Sun-tse, tâchez d'être victorieux : ce sera là le cas où plus vous vous élèverez au-dessus du bon, plus vous approcherez de l'incomparable et de l'excellent. Les grands généraux en viennent à bout, en découvrant tous les artifices de l'ennemi, en faisant avorter tous ses projets, en semant la discorde parmi ses gens, en les tenant toujours en haleine, en empêchant les secours étrangers qu'il pourrait recevoir et en lui ôtant toutes les facultés qu'il pourrait avoir de se déterminer à quelque chose d'avantageux pour lui... » (*Ibid.*, art. III, p. 70.)

Les passages suivants du même article renferment des conseils donnés aux généraux. Il en est qui, à force de justesse, semblent des banalités : pourtant, celui qui, le premier, a su les formuler ainsi devait posséder un excellent jugement. Tout au plus serait-on en droit de demander à l'auteur de plus amples détails sur la manière de mettre en pratique les bons conseils qu'il donne ; mais ses nombreux commentateurs y ont pourvu. Il ne faut pas oublier, d'ailleurs, que Sun-tse est presque contemporain d'Homère, et c'est pour lui un titre d'honneur suffisant d'avoir, à cette époque, formulé des principes et développé des théories militaires encore si vivantes aujourd'hui :

« Si vous êtes dix fois plus fort en nombre que n'est l'ennemi, continue Sun-tse, environnez-le de toutes parts ; ne lui laissez aucun passage libre, faites en sorte qu'il ne puisse ni s'évader pour aller camper ailleurs, ni recevoir le moindre secours. Si vous avez cinq fois plus de monde que lui, disposez tellement votre armée, qu'elle puisse l'attaquer par quatre côtés à la fois, lorsqu'il en sera temps.

« Si l'ennemi est une fois moins fort que vous, contentez-vous de partager votre armée en deux. Mais si, de part et d'autre, il y a une même quantité de monde, tout ce que vous pouvez faire, c'est de hasarder le combat ; si au contraire vous êtes moins fort que lui, soyez continuellement sur vos gardes, la plus petite faute serait de la dernière conséquence pour vous. Tâchez de vous mettre à l'abri, et évitez autant que vous le pourrez d'en venir aux mains avec lui : la prudence et la fermeté d'un petit nombre de gens peuvent venir à bout de lasser et de dompter même une nombreuse armée... »

. . . .

« Un général ne peut bien servir l'État que d'une façon, mais il peut lui porter un très-grand préjudice de bien des manières différentes. Il faut beaucoup d'efforts et une conduite que la bravoure et la prudence accompagnent constamment pour pouvoir réussir ; il ne faut qu'une faute pour tout perdre, et, parmi les fautes qu'il peut faire, de combien de sortes n'y en a-t-il pas ? S'il lève des troupes hors de saison, s'il les fait sortir, lorsqu'il ne faut pas qu'elles sortent, s'il n'a pas une connaissance exacte des lieux où il doit les conduire, s'il leur fait faire des campements désavantageux, s'il les fatigue hors de propos, s'il les fait revenir sans nécessité, s'il ignore les besoins de ceux qui composent son armée, s'il ne sait pas le genre d'occupation auquel chacun d'eux s'exerçait auparavant, afin d'en tirer parti suivant leurs talents ; s'il ne connaît pas le fort et le faible de ses gens, s'il n'a pas lieu de compter sur leur fidélité, s'il ne fait observer la discipline dans toute la rigueur, s'il manque du talent de bien gouverner, s'il est irrésolu et s'il chancelle dans les occasions où il faut prendre tout à coup son parti, s'il ne sait pas dédommager à propos ses soldats lorsqu'ils auront eu à souffrir, s'il permet qu'ils soient vexés sans raison par leurs officiers, s'il ne sait pas empêcher les dissensions qui pourraient naître parmi les chefs ; un général qui tomberait dans ces fautes épuiserait d'hommes et de vivres le royaume, déshonorerait sa patrie, et deviendrait lui-même la honteuse victime de son incapacité. » (*Ibid.*, art. III, p. 73-74.)

DE LA CONTENANCE DES TROUPES.

« Pour nos anciens, comme rien ne leur était plus aisé que de vaincre, ils ne croyaient pas que les vains titres de *vaillants*, de *héros*, d'*invincibles*, fussent un tribut d'éloges qu'ils eussent mérité. Ils n'attribuaient leur succès qu'au soin extrême qu'ils avaient eu d'éviter jusqu'à la plus petite faute. » (*Ibid.*, art. IV, p. 78.)

DE L'HABILETÉ DANS LE GOUVERNEMENT DES TROUPES.

« Ayez, dit Sun-tse, les noms de tous les officiers, tant généraux que subalternes, inscrivez-les dans un catalogue à part, avec la note des talents et de la capacité de chacun d'eux, afin de pouvoir les employer avec avantage, lorsque l'occasion en sera venue. Faites en sorte que tous ceux que vous devez commander soient persuadés que votre principale attention est de les préserver de tout dommage. Les troupes que vous ferez avancer contre l'ennemi doivent être comme des pierres que vous lanceriez contre des œufs. » (*Ibid.*, art. V, p. 80.)

DES VÉRITABLES RUSES.

« Le grand art d'un général est de faire en sorte que l'ennemi ignore toujours le lieu où il aura à combattre et de lui dérober avec soin la connaissance des postes qu'il fait garder. S'il en vient à bout, et qu'il puisse cacher de même jusqu'aux moindres de ses démarches, ce n'est pas seulement un habile général, c'est un homme extraordinaire, c'est un prodige. Sans être vu, il voit; il entend, sans être entendu; il agit sans bruit et dispose, comme il lui plaît, du sort de ses ennemis... »

. . . .

« Ce n'est pas tout : comme il est essentiel que vous connaissiez à fond le lieu où vous devez combattre, il n'est pas moins important que vous soyez instruit du jour, de l'heure, du moment même du combat; c'est une affaire de calcul sur laquelle il ne faut pas vous négliger. Si l'ennemi est loin de vous, sachez, jour par jour, le chemin qu'il fait, suivez-le pas à pas, quoiqu'en apparence vous restiez immobile dans votre camp : voyez tout ce qu'il fait, quoique vos yeux ne puissent pas aller jusqu'à lui ; écoutez tous ses discours, quoique vous soyez hors de portée de l'entendre : soyez témoin de toute sa conduite, entrez même dans le fond de son cœur pour y lire ses craintes ou ses espérances.

« Pleinement instruit de tous ses desseins, de toutes ses marches, de toutes ses actions, vous le ferez venir chaque jour précisément où vous voulez qu'il arrive. En ce cas, vous l'obligerez à camper de manière que le front de son armée ne puisse pas recevoir du secours de ceux qui sont à la queue, que l'aile droite ne puisse pas aider l'aile gauche, et vous le combattrez ainsi dans le lieu et au temps qui vous conviendront le plus.

« Avant le jour déterminé pour le combat, ne soyez ni trop loin ni trop près de l'ennemi. L'espace de quelques lis [1] seulement est le terme qui doit vous en approcher le plus, et dix lis entiers sont le plus grand espace que vous deviez laisser entre votre armée et la sienne.

« Ne cherchez pas à avoir une armée trop nombreuse; la trop grande quantité de monde est souvent plus nuisible qu'elle n'est utile. Une petite armée bien disciplinée est invincible, sous un bon général. A quoi servaient au roi d'Yué les belles et nombreuses cohortes qu'il avait sur pied, lorsqu'il était en guerre contre le roi de Ou? » (*Ibid.*, art. VI, p. 87-89.)

DES AVANTAGES QU'IL FAUT SE PROCURER.

« Sous prétexte de faire reposer vos gens, dit Sun-tse, gardez-vous bien de manquer l'attaque, dès que vous serez arrivé. Un ennemi surpris est à demi vaincu; il n'en est pas de même s'il a eu le temps de se reconnaître; bientôt il peut trouver des ressources pour vous échapper et peut-être même pour vous perdre. Ne négligez rien de tout ce qui peut contribuer au bon ordre, à la santé, à la sûreté de vos gens, tant qu'ils seront

---

[1] Le li vaut cinq cents mètres.

sous votre conduite; ayez grand soin que les armes de vos soldats soient toujours en bon état; faites en sorte que les vivres soient sains et ne leur manquent jamais; ayez attention à ce que les provisions soient abondantes et rassemblées à temps; car si vos troupes sont mal armées, s'il y a disette de vivres dans le camp, et si vous n'avez pas d'avance toutes les provisions nécessaires, il est difficile que vous puissiez réussir. N'oubliez pas d'entretenir des intelligences secrètes avec les ministres étrangers, et soyez toujours instruit des desseins que peuvent avoir les princes alliés ou tributaires, des intentions, bonnes ou mauvaises, de ceux qui peuvent influer sur la conduite du maître que vous servez, et vous attirer des ordres ou des défenses qui pourraient traverser vos projets, et rendre par là tous vos soins inutiles. Votre prudence et votre valeur ne sauraient tenir longtemps contre leurs cabales ou leurs mauvais conseils. Pour obvier à cet inconvénient, consultez-les dans certaines occasions, comme si vous aviez besoin de leurs lumières; que tous leurs amis soient les vôtres, ne soyez jamais divisé d'intérêt avec eux, cédez-leur dans les petites choses : en un mot, entretenez l'union la plus étroite qu'il vous sera possible.

« Je demande de vous quelque chose de plus encore; ayez une connaissance exacte et de détail de tout ce qui vous environne; sachez où il y a une forêt, un petit bois, une rivière, un ruisseau, un terrain aride et pierreux, un lieu marécageux et malsain, une montagne, une colline, une petite élevation, un vallon, un précipice, un défilé, un champ ouvert, enfin tout ce qui peut servir ou nuire aux troupes que vous commandez. S'il arrive que vous soyez hors d'état de pouvoir être instruit par vous-même de l'avantage ou du désavantage du terrain, ayez au moins des guides sur lesquels vous puissiez compter sûrement. » (*Ibid.*, art. VII, p. 94-96.)

DES NEUF CHANGEMENTS.

« Ne négligez pas, dit Sun-tse, de courir après un petit avantage, lorsque vous pourrez vous le procurer sûrement et sans aucune perte de votre part. Plusieurs de ces petits avantages qu'on pourrait acquérir et qu'on néglige, occasionnent souvent de grandes pertes et des dommages irréparables.

« Avant que de songer à vous procurer quelque avantage, comparez-le avec le travail, la peine, les dépenses et les pertes d'hommes et de munitions qu'il pourra vous occasionner. Sachez à peu près si vous pourrez le conserver aisément ; après cela vous vous déterminerez à le prendre ou à le laisser, suivant les lois d'une saine prudence.

« Dans les occasions où il faudra prendre promptement son parti, n'allez pas vouloir attendre les ordres du prince. S'il est des cas où il faille agir contre des ordres reçus, n'hésitez pas, agissez sans crainte. La première et principale intention de celui qui vous met à la tête de ses troupes, c'est que vous soyez vainqueur des ennemis. S'il avait prévu la circonstance où vous vous trouvez, il vous aurait dicté lui-même la conduite que vous voulez tenir.

« Voilà ce que j'appelle les neuf changements ou les neuf circonstances principales qui doivent vous engager a changer la contenance ou la position de votre armée, à changer de situation, à aller ou à revenir, à attaquer ou à défendre, à agir ou à vous tenir en repos. Un bon général ne doit jamais dire : Quoi qu'il arrive, je ferai telle chose, j'irai là, j'attaquerai l'ennemi, j'assiégerai telle place. La circonstance seule doit le déterminer, il ne doit pas s'en tenir à un système général, ni à une manière unique de gouverner. Chaque jour, chaque occasion, chaque circonstance demande une application particulière des mêmes principes. Les principes sont bons en eux-mêmes; mais l'application qu'on en fait les rend souvent mauvais.

« Un grand général doit avoir l'art des changements. S'il s'en tient à une connaissance vague de certains principes, à une application uniforme des règles de l'art, à certaines lois de discipline toujours les mêmes, à une connaissance mécanique de la situation des lieux, et, si je puis m'exprimer ainsi, à une attention d'instinct pour ne laisser échapper aucun avantage, il ne mérite pas le nom qu'il porte, il ne mérite pas même de commander.

« Un général est un homme qui, par le rang qu'il occupe, se trouve au-dessus d'une multitude d'autres hommes; il faut, par conséquent, qu'il sache gouverner les hommes; il faut qu'il sache les conduire; il faut qu'il soit véritablement au-dessus d'eux, non plus seulement par sa dignité, mais par son esprit, son savoir, par sa capacité, par sa conduite, par sa fermeté, par son courage et par ses vertus... »

. . . .

« Le général doit éviter une trop grande ardeur à affronter la mort; ardeur téméraire, qu'on honore souvent des beaux noms de courage, d'intrépidité et de valeur, mais qui, au fond, ne mérite guère que celui de lâcheté. Un général qui s'expose sans nécessité, comme le ferait un simple soldat, qui semble chercher les dangers et la mort, qui combat, et qui fait combattre jusqu'à la dernière extrémité, est un homme qui mérite de mourir. C'est un homme sans tête, qui ne saurait trouver aucune ressource pour se tirer d'un mauvais pas; c'est un lâche qui ne saurait souffrir le moindre échec, sans en être consterné, et qui se croit perdu, si tout ne lui réussit.

« Il doit éviter également une trop grande attention à conserver ses jours. On se croit nécessaire à l'armée entière; on n'aurait garde de s'exposer, on n'oserait, pour cette raison, se pourvoir de vivres chez l'ennemi; tout fait ombrage, tout fait peur, on est toujours en suspens, et on ne se détermine à rien; on attend une occasion plus favorable, on perd celle qui se présente, on ne fait aucun mouvement; mais l'ennemi, qui est toujours attentif, profite de tout, et fait bientôt perdre toute espérance à un général ainsi prudent. Il l'enveloppera, il lui coupera les vivres, et le fera périr par le trop grand amour qu'il avait de conserver sa vie... »

. . . .

« Il doit éviter enfin une trop grande complaisance ou une compassion trop tendre pour le soldat. Un général qui n'ose punir, qui ferme les yeux sur le désordre, qui craint que les siens ne soient toujours accablés sous le poids du travail, et qui n'oserait, pour cette raison, leur en imposer, est un général propre à tout perdre. Ceux d'un rang inférieur doivent avoir des peines, il faut toujours quelque occupation à leur donner; il faut qu'ils aient toujours quelque chose à souffrir. Si vous voulez tirer parti de leur service, faites en sorte qu'ils ne soient jamais oisifs. Punissez avec sévérité, mais sans trop de rigueur. Procurez des peines et du travail, mais jusqu'à un certain point... » (*Ibid.*, art. VIII, p. 101-106.)

DE LA CONDUITE QUE LES TROUPES DOIVENT TENIR.

« ...Il faut conclure de tout ce qui a été dit que les hauteurs sont en général plus salutaires aux troupes que les lieux bas et profonds, parce que c'est dans les lieux élevés que l'on trouve, pour l'ordinaire, cet air pur et sain qui met à couvert de bien des maladies, dont on ne pourrait se préserver dans les lieux humides et bas. Dans les élévations mêmes, il y a un choix à faire ; c'est de camper toujours du côté du midi, parce que c'est là qu'on trouve l'abondance et la fertilité. Un campement de cette nature est un avant-coureur de la victoire. Le contentement et la santé, qui sont la suite ordinaire d'une bonne nourriture prise sous un ciel pur, donnent du courage et de la force au soldat, tandis que la tristesse, le mécontentement et les maladies l'épuisent, l'énervent, le rendent pusillanime et le découragent entièrement... »

. . . .

« Enfin, quel que soit le lieu de votre campement, bon ou mauvais, il faut que vous en tiriez parti, n'y soyez jamais oisif, ni sans faire quelque tentative : éclairez toutes les démarches de l'ennemi, ayez des espions de distance en distance, jusqu'au milieu de leur camp, et jusque sous la tente de leur général. Ne négligez rien de ce qu'on pourra vous rapporter, faites attention à tout.

« Si ceux de vos gens que vous avez envoyés à la découverte vous font dire que les arbres sont en mouvement, quoique par un temps calme, concluez que l'ennemi est en marche. Il peut se faire qu'il veuille venir à vous; disposez toutes choses, préparez-vous à bien le recevoir, et allez même au-devant de lui. Si l'on vous rapporte que les champs sont couverts d'herbes, et que ces herbes sont hautes, tenez-vous sans cesse sur vos gardes; veillez continuellement, de peur de quelque surprise. Si l'on vous dit qu'on a vu des oiseaux attroupés voler par bandes sans s'arrêter, soyez en défiance, on vient vous espionner ou vous tendre des piéges; mais si, outre les oiseaux, on voit encore un grand nombre de quadrupèdes courir la campagne, comme s'ils n'avaient point de gîte, c'est une marque que les ennemis sont aux aguets. Si l'on vous rapporte qu'on aperçoit au loin des tourbillons de poussière s'élever dans les airs, concluez que les ennemis sont en marche. Dans les endroits où la poussière est basse et épaisse, sont les gens de pied ; dans les endroits où elle est moins épaisse et plus élevée, sont la cavalerie et les chars. Si l'on vous avertit que les ennemis sont dispersés et ne marchent que par pelotons, c'est une marque qu'ils ont eu à traverser quelque bois, qu'ils ont fait des battues et qu'ils sont fatigués ; ils cherchent alors à se rassembler. Si vous apprenez qu'on aperçoit dans les campagnes des gens de pied et des gens à cheval aller et venir, dispersés çà et là par petites bandes, ne doutez pas que les ennemis ne soient campés... »

. . . .

« Si vos troupes paraissent pauvres et qu'elles manquent quelquefois d'un certain petit nécessaire, outre la solde ordinaire, faites-leur distribuer quelque somme d'argent, mais gardez-vous bien d'être trop libéral, l'abondance d'argent est souvent plus funeste qu'elle n'est avantageuse, et plus préjudiciable qu'utile ; par l'abus qu'on en fait, elle est la source de la corruption des cœurs et la mère de tous les vices... » (*Ibid.*, art. IX, p. 109-115.)

DE LA CONNAISSANCE DU TERRAIN.

« Un bon général doit connaître tous les lieux qui sont ou qui peuvent être le théâtre de la guerre aussi distinctement qu'il connaît tous les coins et les recoins des cours et jardins de sa propre maison... »

. . . .

« Avec une connaissance exacte du terrain, un général peut se tirer d'affaire dans les circonstances les plus critiques, il peut se procurer les secours qui lui manquent, il peut empêcher ceux qu'on envoie à l'ennemi ; il peut avancer, reculer et régler toutes ses démarches comme il le jugera à propos ; il peut disposer des marches de son ennemi et faire, à son gré, qu'il avance ou qu'il recule ; il peut le harceler, sans crainte d'être surpris lui-même ; il peut l'incommoder de mille manières et parer de son côté à tous les dommages qu'on voudrait lui causer, il peut finir ou prolonger la campagne, selon qu'il le jugera plus expédient pour sa gloire ou pour ses intérêts. » (*Ibid.*, art. X, p. 123-124.)

DES NEUF SORTES DE TERRAINS.

« Si vous faites la guerre dans le pays ennemi, dit Sun-tse, ne divisez vos troupes que très-rarement, ou mieux encore, ne les divisez jamais ; qu'elles soient toujours réunies et en état de se secourir mutuellement ; ayez soin qu'elles ne soient jamais que dans des lieux fertiles et abondants. Si elles venaient à souffrir de la faim, la misère et les maladies feraient bientôt plus de ravages parmi elles que ne pourrait faire dans plusieurs années le fer de l'ennemi. Procurez-vous pacifiquement tous les secours dont vous aurez besoin ; n'employez la force que lorsque les autres vous auront été inutiles ; faites en sorte que les habitants des villages et de la campagne puissent trouver leur intérêt à venir d'eux-mêmes vous offrir leurs denrées ; mais, je le répète, que vos troupes ne soient jamais divisées. Tout le reste étant égal, on est plus fort de moitié lorsqu'on combat chez soi... »

. . . .

« Lorsque vous aurez tout disposé dans votre armée, et que tous vos ordres auront été donnés, s'il arrive que vos troupes, nonchalamment assises, donnent des marques de douleur, si elles vont jusqu'à verser des larmes, tirez-les promptement de cet état d'assoupissement et de léthargie, donnez-leur des festins, faites-leur entendre le bruit du tambour et des autres instruments militaires, exercez-les, faites-leur faire des évolutions, faites-leur changer de place, menez-les même dans des lieux un peu difficiles où elles aient à travailler et à souffrir. Imitez la conduite de Tchouan-tchou et de Tsao-houei, vous changerez le cœur de vos soldats, vous les accoutumerez au travail, ils s'y endurciront, rien ne leur coûtera dans la suite.

« Les quadrupèdes regimbent quand on les charge trop, ils deviennent inutiles quand ils sont forcés. Les oiseaux, au contraire, veulent être forcés pour être d'un bon usage. Les hommes tiennent un milieu entre les uns et les autres; il faut les charger, mais non pas jusqu'à les accabler; il faut même les forcer, mais avec discrétion et mesure... »

. . . .

« Si vous ne savez pas en quel nombre sont les ennemis contre lesquels vous devez combattre, si vous ne connaissez pas leur fort et leur faible, vous ne ferez jamais les préparatifs ni les dispositions nécessaires pour la conduite de votre armée, vous ne méritez pas de commander.

« Si vous ignorez où il y a des montagnes et des collines, des lieux secs ou humides, des lieux escarpés ou pleins de défilés, des lieux marécageux ou pleins de périls, vous ne sauriez donner des ordres convenables, vous ne sauriez conduire votre armée; vous êtes indigne de commander.

« Si vous ne connaissez pas tous les chemins, si vous n'avez pas soin de vous munir de guides sûrs et fidèles, pour vous conduire par les routes que vous ignorez, vous ne parviendrez pas au terme que vous vous proposez, vous serez la dupe des ennemis, vous ne méritez pas de commander... »

. . . .

« Dès que votre armée sera hors des frontières, faites-en fermer les avenues, déchirez la partie du sceau qui est entre vos mains[1], ne souffrez pas qu'on écrive

---

[1] Les généraux avaient entre les mains la moitié d'un des sceaux de l'Empire, dont l'autre moitié restait entre les mains du souverain ou de ses ministres; et quand ils recevaient des ordres, ces ordres n'étaient scellés que d'une moitié de sceau, laquelle ils joignaient avec la leur, pour s'assurer qu'ils n'étaient pas trompés; mais quand une fois cette moitié de sceau était déchirée ou rompue, ils n'avaient plus d'ordres à recevoir. Les inconvénients qui étaient arrivés par des ordres souvent contraires aux intérêts de l'État et aux véritables intentions du souverain, obligèrent à cette coutume. Ils pensent qu'un général choisi par un prince éclairé est un homme sur lequel on a droit de compter. Il est à présumer, disent-ils, qu'il fera tout ce qui dépendra de lui pour venir à bout de ses fins. Il est sur les lieux, il voit tout, ou par lui-même ou par ses émissaires; on peut donc croire raisonnablement qu'il est beaucoup mieux en état de

ou qu'on reçoive des nouvelles ¹; assemblez votre con-

juger sainement des choses que ne peut l'être un ministre qui n'est peut-être jamais sorti de la sphère de la cour, et qui a souvent des intérêts différents de ceux de son souverain et de l'État. Tel est le raisonnement que font les Chinois.

¹ Une autre maxime que la politique chinoise regarde comme d'une extrême importance, c'est celle par laquelle il est défendu à ceux qui sont à l'armée d'écrire rien de ce qui se passe sous leurs yeux à leurs parents et à leurs amis. Par là, les officiers généraux sont les maîtres d'écrire au souverain tout ce qu'ils veulent, et de la manière dont ils le jugent à propos. Ils ne courent point de risque de voir leur réputation entamée par des relations déguisées ou fausses, faites souvent sans connaissance de cause par des officiers subalternes, qui leur prêtent des intentions qu'ils n'ont jamais eues, des desseins mal concertés auxquels ils n'ont jamais pensé, et un total de conduite qui n'a de réalité que dans leur imagination.

Tous les officiers généraux ont droit de s'adresser directement à l'Empereur; il y a même des temps et des circonstances où ils doivent le faire par obligation. Quand ils ont quelque fait à annoncer, ou à faire passer quelque nouvelle jusqu'à la cour, ils conviennent auparavant entre eux de la manière dont ils doivent s'y prendre pour ne pas taire ce qu'il est à propos de dire, ou pour ne pas dire ce qu'il faudrait cacher. Il est difficile qu'ils puissent tous s'accorder à tromper leur maître dans une chose de conséquence; ainsi, on peut penser raisonnablement que l'Empereur est à peu près au fait du vrai: mais comme il n'y a que lui qui le sache, hors de l'armée, il n'en fait passer au public que ce qu'il juge à propos. Il fait composer des nouvelles, plus ou moins favorables, suivant les circonstances, il se fait féliciter par les princes, les grands et les principaux mandarins de l'Empire, sur des succès chimériques, dont il s'applaudit aux yeux de ses sujets; on les insère dans les fastes, pour servir un jour de matériaux à l'histoire de son règne. Si les armées, après plusieurs campagnes, sont enfin victorieuses, tous les succès annoncés en détail passent pour constants : il fait la paix, ou, comme ils disent ici, il pardonne aux peuples vaincus, leur fait des dons pour se les attacher, et leur fait pro-

seil dans le lieu destiné à honorer les ancêtres [1], et

mettre une soumission inviolable et éternelle. Si, au contraire, ses troupes ont été vaincues, il en est quitte pour faire couper quelques têtes, en disant qu'on l'a trompé. Il envoie de nouveaux généraux avec des sommes considérables, pour réparer les pertes passées, et, après une campagne, tout est soumis, tout est rentré dans l'ordre. Le secret de tout cela n'est su que de quelques grands du conseil secret de Sa Majesté, et le reste de l'empire est toujours persuadé que le grand maître qui gouverne la Chine n'a qu'à vouloir pour dompter le reste de l'univers. Les officiers et les soldats se trouvent récompensés ; à leur tour on les vante comme des héros, il ne leur vient même pas en pensée de contredire leur panégyriste. Telle est la politique que les Chinois mettent en pratique aujourd'hui. En était-il de même autrefois? Il y a grande apparence : c'est cependant ce que je n'oserai garantir.

[1] L'usage des Chinois, tant anciens que modernes, a toujours été d'avoir, chacun chez soi, un lieu destiné à honorer les ancêtres. Chez les princes, les grands, les mandarins, et tous ceux qui sont à leur aise, et qui ont un grand nombre d'appartements, c'est une espèce de chapelle domestique, dans laquelle sont les portraits ou les tablettes de tous leurs aïeux, depuis celui qu'ils comptent pour le chef de la famille jusqu'au dernier mort, ou seulement le portrait ou la tablette du chef, comme représentant tous les autres. Cette chapelle, ou salle, n'a absolument pas d'autre usage. Toute la famille s'y trouve dans des temps déterminés pour y faire les cérémonies d'usage : elle s'y transporte encore toutes les fois qu'il s'agit de quelque entreprise de conséquence, de quelque faveur reçue, de quelque malheur essuyé : en un mot, pour avertir les ancêtres et leur faire part des biens et des maux qui sont arrivés.

Ceux qui sont à l'étroit et qui n'ont que les appartements nécessaires pour loger les vivants, se contentent de placer dans un des fonds de leur chambre intérieure, s'ils en ont plusieurs, la simple tablette qui est censée représenter les aïeux, à laquelle ils rendent leurs hommages et devant laquelle ils font toutes les cérémonies dont je viens de parler. Dans les camps et armées des anciens Chinois, le général avait dans sa tente, ou près de sa tente, un lieu destiné pour la tablette des ancêtres. Il s'y trans-

là, en présence de tout le monde, protestez-leur que vous êtes disposé à ne rien faire dont la honte puisse rejaillir sur eux; après cela, allez à l'ennemi.

« Avant que la campagne soit commencée, soyez comme une jeune fille qui ne sort pas de la maison; elle s'occupe des affaires du ménage, elle a soin de tout préparer, elle voit tout, elle entend tout, elle fait tout, elle ne se mêle d'aucune affaire en apparence. La campagne une fois commencée, vous devez avoir la promptitude d'un lièvre qui, se trouvant poursuivi par des chasseurs, tâcherait par mille détours de trouver enfin son gîte, pour s'y réfugier en sûreté. » (*Ibid.*, art. XI, p. 133-145.)

PRÉCIS DE LA MANIÈRE DE COMBATTRE PAR LE FEU.

« Les différentes manières de combattre par le feu, telles que je viens de les indiquer, dit Sun-tse, sont ordinairement suivies d'une pleine victoire, dont il faut que vous sachiez recueillir les fruits. Le plus consi-

portait, à la tête des officiers généraux : 1° en commençant la campagne; 2° lorsqu'il commençait le siége de quelque place; 3° à la veille d'une bataille, et enfin toutes les fois qu'il y avait apparence de quelque grande action. Là, après les prosternations et les autres cérémonies, il avertissait ou donnait avis de ce qui était sur le point d'arriver. Il protestait à haute voix que, dans toute sa conduite, il ne ferait rien de contraire à l'honneur, à la gloire et à l'intérêt de l'État, et qu'il n'oublierait rien pour se montrer digne descendant de ceux dont il tenait la vie. Chaque chef de corps en faisait de même à la tête de ceux qu'il commandait dans son propre quartier. C'est peut-être à cette cérémonie que les Chinois ont donné le nom de *serment militaire*.

dérable de tous, et celui sans lequel vous auriez perdu vos soins et vos peines, est de connaître le mérite de tous ceux qui se seront distingués, c'est de les récompenser en proportion de ce qu'ils auront fait pour la réussite de l'entreprise. Les hommes se conduisent ordinairement par l'intérêt; si vos troupes ne trouvent dans le service que des peines et des travaux, vous ne les emploierez pas deux fois avec avantage.

« Faire la guerre est en général quelque chose de mauvais en soi. La nécessité seule doit la faire entreprendre. Les combats, de quelque nature qu'ils soient, ont toujours quelque chose de funeste pour les vainqueurs eux-mêmes; il ne faut les livrer que lorsqu'on ne saurait faire la guerre autrement. » (*Ibid.*, art. XII, p. 149.)

DE LA MANIÈRE D'EMPLOYER LES DISSENSIONS ET DE METTRE LA DISCORDE.

« Quand un habile général se met en mouvement, l'ennemi est déjà vaincu; quand il combat, il doit faire, lui seul, plus que toute son armée ensemble; non pas toutefois par la force de son bras, mais par sa prudence, par sa manière de commander, et surtout par ses ruses. Il faut qu'au premier signal une partie de l'armée ennemie se range de son côté pour combattre sous ses étendards.... »

. . . .

« Soyez vigilant et éclairé; mais montrez à l'intérieur beaucoup de sécurité, de simplicité et même d'indifférence; soyez toujours sur vos gardes, quoique vous ne paraissiez penser à rien; défiez-vous de tout, quoique vous paraissiez sans défiance; soyez extrêmement secret, quoiqu'il paraisse que vous ne fassiez rien qu'à découvert; ayez des espions partout; au lieu de paroles, servez-vous de signaux; voyez par la bouche, parlez par les yeux; cela n'est pas aisé; cela est très-difficile. On est quelquefois trompé, lorsqu'on croit tromper les autres. Il n'y a qu'un homme d'une prudence consommée, qu'un homme extrêmement éclairé, qu'un sage du premier ordre qui puisse employer à propos et avec succès l'artifice des divisions. Si vous n'êtes point tel, vous devez y renoncer; l'usage que vous en feriez ne tournerait qu'à votre détriment.

« Après avoir enfanté quelque projet, si vous apprenez que votre secret a transpiré, faites mourir sans rémission, tant ceux qui l'auront divulgué que ceux à la connaissance desquels il sera parvenu. Ceux-ci ne sont point coupables encore à la vérité, mais ils pourraient le devenir. Leur mort sauvera la vie de quelques milliers d'hommes, et assurera la fidélité d'un plus grand nombre encore.

« Punissez sévèrement, récompensez avec largesse, multipliez les espions, ayez-en partout, dans le propre palais du prince ennemi, dans l'hôtel de ses ministres, sous les tentes de ses généraux; ayez une liste des principaux officiers qui sont à son service; sachez leurs noms, leurs surnoms, le nombre de leurs enfants, de leurs parents, de leurs amis, de leurs domestiques; que rien ne se passe chez eux que vous n'en soyez instruit.

« Vous aurez vos espions partout : vous devez supposer que l'ennemi aura aussi les siens. Si vous venez à les découvrir, gardez-vous bien de les faire mettre à mort; leurs jours doivent vous être infiniment précieux. Les espions des ennemis vous serviront efficacement, si vous mesurez tellement vos démarches, vos paroles et toutes vos actions, qu'ils ne puissent jamais donner que de faux avis à ceux qui les ont envoyés. » (*Ibid.*, art. XIII, p. 153-158.)

FIN.

TABLE DES MATIÈRES

I
D'Europe en Chine.............................. 1

II
Pékin.. 31

III
Séjour dans un temple aux environs de Pékin...... 46

IV
Les hôtels en Chine et les moyens de circulation... 74

V
Un dîner chinois................................. 86

VI
Une chasse au bord du fleuve Bleu............... 103

VII
Le luxe en Chine................................ 119

VIII
Les émaux cloisonnés............................ 124

IX
Les mandarins................................... 140

X
L'armée chinoise............................ 146

XI
Un séjour en Mongolie.......... 167

XII
Les chevaux mongols........................ 180

XIII
Le Japon................................. 192

XIV
Les grottes de Quouida...................... 224

XV
Batavia........... 244

Appendice 253

En vente à la même Librairie

En Allemagne. *La Prusse et ses annexes.* Le pays — les habitants — la vie intérieure, par F. NARJOUX. Un vol. petit in-8° anglais, avec gravures. Prix. . . . .   5 fr.

Les Pays sud-slaves de l'Austro-Hongrie (Croatie, Slavonie, Bosnie, Herzégovine, Dalmatie), par le vicomte CAIX DE SAINT-AYMOUR. Un vol. in-18, avec carte et gravures. Prix. .   4 fr.

Souvenirs du Venezuela. Notes de voyage, par Jenny DE TALLENAY. Un vol. in-18, avec gravures. Prix. . . . .   4 fr.

Le Mexique aujourd'hui, par A. DUPIN DE SAINT-ANDRÉ. Un vol. in-18. Prix . . . .   3 fr. 50

Un Parisien dans les Antilles, par QUATRELLES. Un vol. petit in-8° anglais, avec dessins de RIOU. Prix. . . . . . .   5 fr.

Une Course à Constantinople, par M. DE BLOWITZ. 3e *édition.* Un vol. in-16. Prix. . . . .   3 fr. 50

Pérak et les Orangs-Sakèys. Voyage dans l'intérieur de la presqu'île malaise, par BRAU DE SAINT-POL LIAS. Un vol. in-18, avec carte et gravures. Prix. . . . .   4 fr.

Chez les Atchés. Lohong (île de Sumatra), par BRAU DE SAINT-POL LIAS. Un vol. in-18, avec carte et gravures. Prix.   4 fr.

La Save, le Danube et le Balkan. Voyage chez les Slovènes, les Croates, les Serbes et les Bulgares, par L. LEGER. .   3 fr.

L'Australie nouvelle, par E. MARIN LA MESLÉE. Un vol. in-18, avec carte et gravures. Prix. . . . .   4 fr.

Obock, Mascate, Bouchire, Bassorah, par Denis DE RIVOYRE. Un vol. in-18, avec gravures. Prix. . . . .   4 fr.

Le Japon pittoresque, par M. DUBARD. Un vol. in-18, avec gravures. Prix. . . . .   4 fr.

La Terre de glace. Féroë — Islande — les Geysers — le mont Hékla, par Jules LECLERCQ. In-18, avec carte et grav.   4 fr.

Excursions autour du monde : *Les Indes, la Birmanie, la Malaisie, le Japon et les États-Unis,* par le comte DE ROCHECHOUART. Un vol. in-18, avec gravures. Prix. . . . .   4 fr.

Le Royaume d'Annam et les Annamites, Journal de voyage de J. L. DUTREUIL DE RHINS. In-18, avec carte et grav.   4 fr.

PARIS. TYPOGRAPHIE E. PLON, NOURRIT ET Cie, RUE GARANCIÈRE, 8.

www.ingramcontent.com/pod-product-compliance
Lightning Source LLC
Chambersburg PA
CBHW071416150426
43191CB00008B/934